KB071340

은퇴 경쟁력을
키워라

은퇴 경쟁력을 키워라

초판 1쇄 발행 2024년 5월 15일

지 은 이	조관일
발 행 인	권선복
편　　집	권보송
디 자 인	김소영
전 자 책	서보미
마 케 팅	권보송
발 행 처	도서출판 행복에너지
출판등록	제315-2011-000035호
주　　소	(157-010) 서울특별시 강서구 화곡로 232
전　　화	0505-613-6133
팩　　스	0303-0799-1560
홈페이지	www.happybook.or.kr
이 메 일	ksbdata@daum.net

값 20,000원

ISBN 979-11-93607-28-2 (13190)

Copyright ⓒ 조관일, 2024

도서출판 행복에너지는 독자 여러분의 아이디어와 원고 투고를 기다립니다. 책으로 만들기를 원하는 콘텐츠가 있으신 분은 이메일이나 홈페이지를 통해 간단한 기획서와 기획의도, 연락처 등을 보내주십시오. 행복에너지의 문은 언제나 활짝 열려 있습니다.

은퇴 경쟁력을 키워라

50에 읽는
은퇴학개론

조관일 지음

당당한 2막인생을 위한
핵심 노하우 36

도서
출판 행복에너지

50이면 은퇴경쟁력을 공부할 때

세상이 온통 "노후"니 "은퇴"니 "고령화"니 하는 화두로 가득합니다[*]. 그것들에 덧붙여 '암' '상조' '늙음' '죽음'에 관한 광고와 프로그램이 TV에서 쉴 새 없이 쏟아집니다. 그런 것을 한참 보고 있으면 멀쩡한 사람도 몸 한구석에 암세포가 꿈틀거리는 것 같고, 앞날이 구만리 같은 젊은이도 노후와 죽음이 곁에 와 있는 것 같은 착각을 일으키게 됩니다.

각종 보도 매체는 계속해서 은퇴이야기를 쏟아내며, 간간히 명예퇴직이라는 이름의 조기퇴직에 관한 뉴스로 신경을 자극합니다. 그러니 빨리 노후를 준비하라면서 말입니다.

그뿐이 아닙니다. 내가 일하고 있는 '강의업계' '산업교육계'는 그 바람을 태풍으로 맞고 있습니다. 국가기관에서부터 앞장서서 대대적으로 은퇴자 교육을 위한 강사양성에 나서고 있

---

* 이 책에서는 고령화 사회(Ageing society: 전체 인구 중 65세 이상 인구가 7% 이상), 고령 사회(Aged society: 65세 이상 인구가 14% 이상), 초고령 사회(Post-aged society: 65세 이상 인구가 20% 이상)를 특별히 구분하지 않겠다.

습니다. 그 일이 마치 고령화시대에 해야 할 중요한 일자리 창출이라도 되는 듯이 말입니다. 그러니 출판계가 가만히 있을 리 만무합니다. 수많은 은퇴관련 서적이 쏟아져 나오고 최근에 이르러서는 죽음에 관한 책이 줄줄이 이어지고 있습니다. 좀 과장되게 말하면 사회 전체가 팍 늙어버린 느낌입니다. 국민의 평균연령이 높아지는 것 이상으로 정신상태도 고령화로 접어들었습니다.

그 타령이 그 타령?

나는 1990년대 초부터 고령화시대에 대하여 관심을 갖고 꾸준히 자료를 모아왔습니다. 40대 초반의 나이에 말입니다. 거창하게 표현하면 선각자인 셈입니다(선각자가 별 건가? 단어 뜻 그대로 생각하면 된다. '일찍 깨달은 사람'이란 말이다). 그에 대한 확실한 증거가 있습니다. 이 책을 쓰기 위해 서재를 뒤져보니 '조선일보' 1993년 12월 24일자의 스크랩이 눈에 띄었습니다. '노후자금, 3억 원 있어야 현 생활수준 유지'라는 기사입니다. 그리고 같은 해의 〈신동아〉 12월호의 스크랩도 충분한 증거가 됩니다. 그것에는 '은퇴 이후'라는 제목의 기사가 20여 페이지에 걸쳐 '특집기획'의 이름으로 다뤄져 있습니다.

그러니까 은퇴니 노후니 하는 문제는 어제 오늘의 일이 아니라 이미 한 세대 이전부터 중요한 화두였다는 말이 됩니다(실제로는 그 이전부터일 것이다). 그리고는 1997년 10월 2일, 유엔의 권고에 따라 '노인의 날'이 정해지면서 은퇴와 노후에 관한 기사가 봇물처럼 터지기 시작합니다. 그런데 그때의 기사들을 보면 마치 요즘의 기사를 보는 듯합니다. 즉, 30여 년이 지났지만 "그 타령이 그 타령"이요, 특별히 달라진 논리나 주장이 없습니다. 무엇이 '그 타령'이냐고요? 예를 들면 이렇습니다.

'고령화시대가 됐으니 죽을 때까지 일할 생각을 하라' '100세 시대가 왔다' '노후 준비는 젊은 날부터 해야 한다' '인생은 60부터다' '2모작, 3모작을 해야 한다' '나이는 숫자에 불과하다' '직장을 그만두고도 30년이 남는다' '퇴직 후 10만 시간의 여유가 있다', '죽는 날까지 최소한의 생계비를 조달할 수 있는 재무 설계를 하라' '자식들에게 기대하지 마라', 그리고는 80~90대의 노인으로서 뭔가 이룬 사람의 사례를 들이대며 '당신도 할 수 있다' '열정을 가지라'고 부추깁니다. 심지어 '은퇴는 은총'이요 '꿀맛 같은 노후'라고까지 말합니다.

지금껏, 언론이, 책이, 은퇴전문가라는 사람들이 줄기차게 말해온 것이 바로 이런 것 아닌가요? 이 범위를 벗어난 특별한 이야기가 얼마나 있던가요?

물론 그런 주장들이 잘못됐거나 필요 없다는 말이 아닙니다. 참고하거나 귀담아 들을 부분도 상당하고 때로는 탁월한 주장도 많습니다. 또한 한 세대 동안 줄기차게 반복하여 한목소리(?)를 냄으로써 사람들로 하여금 은퇴에 대하여 경각심을 갖게 한 것은 분명 좋은 일입니다. 노후를 미리 준비하게 한 공로를 인정합니다. 그러나 내가 지적하고자 하는 것은 이제 '그 타령'에서 벗어날 때가 됐다는 겁니다. 좀 더 다른 논리, 한 단계 성숙된 논의가 필요합니다. 상식적이고 뻔한 담론보다는 좀 더 심층적이고 구체적인 제안이 필요합니다. 그래서 책을 쓰기로 했습니다.

　오래전부터 은퇴와 노후에 관한 자료를 모아왔고 강의를 하고 글을 썼지만 그것으로 책을 쓸 생각은 별로 없었습니다. 워낙 많은 논의가 이뤄졌고 이미 상식이 됐기 때문에 별로 추가할 이야기가 없는 듯해서입니다. 책을 쓰려면 진작 했어야 했는데 실기失期했다는 생각도 했습니다.

　그런데 예상치 못한 의외의 상황과 주위의 권고로 〈한국샌더스은퇴학교〉를 만들게 됐고(그것에 대한 스토리는 본문에 나온다), 퇴직·은퇴자에 대한 교육 프로그램을 만들면서 여러 자료들을 섭렵하다가 문제점을 알게 됐습니다. 실기失期한 것이 아니라, 그 동안 내가 나이가 듦으로써 이제야말로 실기實記(사실을 있는 그대로 기록함)할 수 있는 내공이 쌓인 것입니다. 드디어 이런 책을 쓸 '자격'을 갖추게 된 것입니다.

　그 '자격'이란 다름 아니라, 6~7번의 직업이동과 퇴직을 해봤고 은퇴와 직업창출도 해봤으며 무엇보다도 늙어봤다는 사실입니다(늙어보면 젊었을 때에 상상했던 것과 많이 다르다). 특히 한 세대에 걸친 자료섭렵과 60여 권의 책을 쓰면서 쌓인 나름의 '의견'이 농익었다는 점도 나의 자격을 뒷받침하기에 적절하다고 판단했습니다. 외람되지만, 경험과 이론을 겸비한 '롤모델'로서 지금까지의 논의에서 한 발 나아간 내 나름의 주장을 펼 수 있겠다는 생각이 들었습니다. 그래서 책을 쓰기로 결단했고 마음을 바꾸었습니다.

일찍 준비하지 않으면 '노후는 없다'

나의 주장, 나의 책이 갖는 특성을 한마디로 요약한다면 현실에 바탕한 실질적인 대책을 제시한다는 것입니다. '앞으로 30년이 남았다'거나 '당신도 할 수 있다'는 식의 환상을 갖게 하는 것이 아니라 현실을 냉정히 분석하며 개인의 삶에 초점을 맞춰서 무엇을 어떻게 할지 안내할 것입니다. 퇴직이후를 위한 자기계발서요 구체적인 행동지침서입니다.

사람은 저마다의 능력과 여건에 차이가 있습니다. 그 차이를 무시하고 아무나 죽을 때까지 일하라고 할 수는 없습니다. 내가 실제로 나이 들어보니 '나이는 숫자에 불과하다'는 말도 허구임을 느낍니다(물론 광고 카피로서는 훌륭하지만), '인생은 60부터'가 아님을 뼈저리게 절감합니다. 누구나 100세 시대를 맞는 것이 아니며, 누구나 '하면 할 수 있는' 것도 아님을 알았습니다. 은퇴가 아무에게나 은총이 아니며 노후의 인생이 결코 꿀맛 같은 것이 아닙니다. 그런 깨달음과 인식하에 은퇴문제를 새로운 시각에서 다뤄보고자 합니다.

책의 주제를 '은퇴경쟁력을 키워라'라고 한 것은 현직에서의 경쟁력 이상으로 노후의 경쟁력 또한 중요하기 때문입니다. 특히 노후는 일찍 준비할수록 좋다는 생각에서 '50에 읽는 은퇴학개론'이라는 부제를 사용했습니다.

사실 은퇴준비는 50살이 되면 늦은 감이 없지 않습니다. 더 일찍 준비할수록 노후가 편안해짐은 물론입니다. 그럼에도 50살이 되면 현실적으로 퇴직이 임박해온다는 것을 감안하여 그때쯤이면 시기를 놓치지 말고 은퇴문제를 본격적으로 공부해야 한다는 의미에서 그런 부제를 사용했습니다. 그러지 않으면 여러분의 노후는 없습니다.

노후가 '없다'는 것은 막연히 '잘 되겠지'라는 식으로 살아서는 '행복한' 노후를 '기대하지 말라'는 의미도 되며, 젊은 날에 준비하지 않으면 비참하게 된다는 경고이기도 합니다. 반면에 제대로 준비하는 사람에게는 노후가 여전히 청춘일 수 있다는 뜻에서 '노후가 없다'는 이야기도 됩니다.

노후문제를 다루는 데는 조심스런 면이 있습니다. 양면성이 있습니다. 너무 노후를 강조하다보면 젊은이가 겉늙어버릴 수 있습니다. 도전하기보다는 안주하기 십상입니다. 자칫하면 삶의 목표를 노후의 안락에만 두는 역작용이 나타날 수 있습니다. 직장이라면 분위기가 침체되고 생산성이 저하될지도 모릅니다.

이상 언급한 여러 면을 고려하면서 이 책을 냅니다. 특히 은퇴 이후의 노후에 초점을 두는 것 못지않게, 젊은 날에 무엇을 어떻게 준비해야 할 것인지도 깊이 있게 다룸으로써 퇴직을 목전에 둔 사람뿐만 아니라 젊은 직장인들의 퇴직준비와 자기계발에도 도움이 되도록 한 것도 이 책이 갖는 특징입니다. 그런 고려와 의도가 책에 잘 녹아있는지 여부는 독자 여러분이 판단해주실 것입니다.

글을 읽으면 아시겠지만 어떤 주제는 긴 글로, 비교적 딱딱한 논리를 제시하지만 가급적 쉽고 재미있게 읽을거리가 되도록 '1·2·3·4·5법' 등 나름의 기법을 동원했습니다. 꿩 잡는 게 매요, 무엇보다도 끝까지 독파할 수 있는 책이 돼야 하니까요.

가끔은 길게 주장한 글도 있지만 가급적 주제마다의 글을 짧게 하기로 했고 심지어 어떤 주장은 소주제를 서너 줄의 짧은 문장으로 구성했습니다. 때로는 단 한 줄의 글, 단 한마디의 '어록'이 장문의 글보다 더 선명한 자극을 줄 수 있으며, 몰라서 안 하는 것이 아니라는 것을 믿기 때문입니다. 짧은 글일수록 그것의 함의를 잘 살피며 꼭꼭 씹어서 음미할 필요가 있습니다.

원래 이 책은 2016년 5월에 《노후는 없다》는 제목으로 초판본이 나왔습니다. 그리고 2년 후 유튜브(〈조관일TV〉)를 하면서 노후문제에 관한 주제를 많이 다뤘습니다. 따라서 그동안 더 깊어진 연구와 유튜브에서 다뤘던 것을 추가로 정리하여 내용이 더 알찬 개정판으로 여러분께 내놓습니다. 특히 유튜브에서 관련한 내용을 다룬 것은 QR코드를 생성하여 책에 넣었습니다. 그것을 이용하면 동영상으로 저의 주장을 접할 수 있습니다. 많은 참고와 이용을 바랍니다.

　아무쪼록 이 책이 '은퇴경쟁력'에 대한 다양한 의미를 되새겨보며 100세 인생의 행로를 잘 추스르는 계기가 되기를 바랍니다. 그리하여 독자여러분에게 충만하고 행복한 은퇴 이후의 세상이 펼쳐지기를 기대합니다.

2024년 봄

조관일

목차

2부. 멋진 노후 만들기

은퇴경쟁령을
키워라

은퇴경쟁력 만들기

1.
기준부터 확실히
- '은퇴'가 기분 나쁘다고?

"은퇴라는 말부터 바꿔야 합니다."

은퇴 관련 토론이나 노후에 관한 강의를 할 때 종종 듣는 말입니다. 은퇴란 말 그대로 완전히 물러나는 것인데 '퇴직이 꼭 은퇴는 아니지 않느냐?'는 뜻에서 그렇게 지적하는 것입니다. 또는 은퇴라는 말이 주는 늙은 이미지 때문이기도 합니다. 세상을 떠날 준비를 하는 일 없는 노인을 떠올리게 하니까요. 그러니 젊은 나이에 퇴직한 사람은 더더욱 은퇴라는 말에 거부감을 갖게 됩니다.

내가 퇴직자들의 은퇴준비를 돕기 위해 〈한국샌더스은퇴학교〉를 만들 때도 왜 '은퇴학교'라고 작명을 했냐는 지적을 여러 번 받았습니다. '은퇴'라는 용어의 뉘앙스가 완전히 뒷방신세가 되는 느낌이요 퇴물로 사라지는 이미지니까 산뜻한 외래어를 쓰는 등 차제에 은퇴를 대체할 다른 '좋은 용어'를 고안해보라는 것입니다.

그러나 지적은 그럴듯하지만 막상 대안을 찾기란 쉬운 듯 어렵습니다. "그럼 뭐라고 할까요?" 이렇게 반문하면 대개 우물거리며 한 발 물러섭니다. 그게 간단치 않은 것은 이미 '은퇴'는 직장생활을 마친 사람이 맞는 노후의 용어로 분명하게 자리 잡았기 때문입니다. '리타이어retire'나 '2막인생'이 어떠냐는 의견도 있지만 솔직히 말해서 그게 그거입니다. 다른 용어를 선택한다고 '은퇴'의 이미지가 사라지는 것은 아니며 그렇다고 '은퇴학교'를 '리타이어 학교'라고 할 수도 없고(그러면 자동차 타이어를 바꿔주는 기술학교 같지 않은가), '2막인생 학교'라고 하는 것도 적절하지 않기는 마찬가지입니다.

노후의 첫걸음은 은퇴개념 정립부터

은퇴와 관련하여 여러 용어가 마구 뒤섞여 사용되는 게 현실입니다. 열거하자면 '노후' '은퇴' '퇴직' '2막인생' '3막인생' '2모작' '3모작' '리타이어먼트' 등등 다양합니다. 내가 은퇴문제를 연구하면서 가장 먼저 느낀 것은 수많은 책이나 주장 중에 은퇴의 개념을 분명히 한 것이 의외로 드물다는 사실이었습니다.

'퇴직'이라는 개념은 명확한데 비하여 '은퇴'라는 것은 간단히 넘어가기에 상황이 복잡합니다. 왜냐면 사람마다 상황이 다르기 때문입니다. 예컨대 직장인의 은퇴와 예술인 또는 프로스포츠맨의 은퇴가 다릅니다. 또한 직장인이라 하더라도 정년이 보장되어 평생직장의 인식이 있는 교수 또는 공무원의 은퇴와 수시로 직업이동을 하는 개인기업(특히 중소기업) 사원의 은퇴는 다릅니다. 더구나 앞으로는 평생 동안에 10~30여 번 직장을 바꿔야 한다는 점을 고려해보면 무엇이 은퇴인지 헷갈리게 됩니다.

이렇듯 은퇴에 대한 개념정립이 잘되지 않았다는 사실은 역설적으로 기분 좋은 일입니다. 왜냐면 나의 주장과 연구가 비집고 들어갈 틈새가 있다는 것이요 나의 논리를 펼 터전이 그만큼 넓다는 의미가 되니까 말입니다.

물론 은퇴를 어떻게 표현하든 간에 받아들이는 사람, 듣는 사람이 상황에 맞춰서 눈치껏 제대로 받아들이면 별 문제는 없을 것입니다. 그렇지만 은퇴를 다루면서 두루뭉술하게 넘어갈 수는 없습니다. 은퇴문제를 제대로 다루려면 이 용어에 대한 개념과 기준을 확실히 정립해야 합니다. 이것은 은퇴에 관한 논리전개의 전제조건이요 첫걸음입니다.

은퇴隱退의 사전적 의미는 '맡은 바 직책에서 손을 떼고 물러나서 한가로이 지내는 것'입니다. 이것이 은퇴에 대한 전통적 의미요 이미지입니다. 본래 은퇴를 뜻하는 영어 Retirement의 어원은 프랑스어 'Retirer'(흐띠헤)라고 하는데 'Re'는 '뒤' 라는 의미이고, 'tirer'는 '후퇴하다' '뒤로 물러서다'는 뜻입니다. 그러니까 뒷전으로 물러선다는 의미입니다. 실제로 1900년대 초

미국에서는 Retirement가 '사라지다' '퇴각하다'라는 뜻으로 사용되었는데 제1차 세계대전 이후 전쟁에서 돌아온 젊은이들에게 일자리를 주기 위하여 고령자를 생산현장에서 밀어내면서 '일을 그만둔다'는 의미로 진화(?)했다는 설도 있습니다(한국경제 TV, '이윤학 소장의 당신과 다른 나의 100세 시대' 1편. 은퇴는 없다).

원래의 의미가 어찌됐든 평균수명이 크게 늘어나고 100세 시대를 구가하는 오늘에 있어서 전통적 의미를 고수하는 것은 불편합니다. 합당하지 않습니다. 수시로 직업을 바꿔야 하고 '죽을 때까지 일해야 하는' 세태를 고려하면 더욱 그렇습니다.

직업이동, 반퇴와 완퇴

그럼 은퇴를 어떻게 정의하는 게 좋을까요? 은퇴라는 용어를 다른 것으로 대체할 것이 아니라 발상을 바꿔서 그에 대한 정의를 새롭게 내리는 것이 현실적 대안이라는 것이 나의 주장입니다. 그래서 나는 은퇴를 이렇게 정의합니다. 즉, 은퇴란 '가장 오랫동안 일해 온 본업(또는 주업)에서 물러나고 직업이동(이직移職 또는 전직轉職)을 모두 끝낸 상태'라고 말입니다.

어떻습니까? 이렇게 정의해놓으면 괜한 낭비적 논의 없이 간단히 해결됩니다. 그러나 여기서 끝나는 게 아닙니다. 오늘날 수명이 크게 늘어난 상황에서 은퇴는 노동시장에서의 영구적 이탈로 이어지는 일회적 사건이기보다 시간제 고용 등을 거치는 점진적 과정인 경우가 많습니다. 따라서 은퇴를 부분

은퇴와 완전은퇴로 구분할 필요가 있습니다. 전자를 반퇴半退라 하고 후자를 완퇴完退로 명명합니다.

반퇴半退는 은퇴를 했음에도 경제적인 이유로 '비非전업'의 일자리를 갖는 것을 말하며 전업專業이 아닌 '부분업'의 상태입니다. 반면에 완태는 말 그대로 완전히 은퇴한 상태인데 '완태'라고 해서 사회활동을 안 하는 것은 아닙니다. 자원봉사도 할 것이고 여행이나 여가활동을 하지만 '소득활동'에 얽매이지 않고 삶의 자유를 누리는 것입니다. 한 가지 덧붙인다면 은퇴는 나이와 상관이 없습니다. 가령 40대의 청년이 직업생활을 하기 싫어서(사람마다 가치관이 다르니까) 그냥 놀고먹기로 작정했다면 그는 '완퇴자'라 할 수 있습니다.

그럼 은퇴와 노후의 관계는? 노후는 은퇴에 연령의 조건이 덧붙여집니다. 예컨대 40대에 자발적인 은퇴를 할 수는 있지만 노후는 아닙니다. 아직 창창한 젊은이니까요. 그럼 몇 살부터 '노후'라고 해야 하는지 의문이 남을 것입니다. 노후의 연령조건을 콕 집어 말할 수는 없지만 오늘날의 세태로 보아 60세 정도 이후를 노후의 조건으로 보면 될 듯합니다. 우리나라는 65세부터가 노인복지법에 의한 노인이고 그 기준을 70세로 늦춰야 한다고 하지만 법으로 정한 정년이 60세이고 '환갑'이라는 우리네 정서를 생각하면 60세 정도의 은퇴자라면 '노후'로 보는 것이 타당할 것 같습니다. 물론 60세 정도의 나이면 아직 청춘이라고 할 수도 있지만 일단 노후로 진입했다고 봐야 하겠죠?

그 밖에 인생을 '단계(모작)'로 구분하는 수도 있습니다. 3단계 또는 3모작으로 구분할 경우 1단계(퍼스트 에이지First Age)는 사회생활 이전의 단계로, 태어나서부터 학교를 졸업할 때까지이며 2단계(세컨드 에이지Second Age)는 학교를 졸업하고부터 정년퇴직 때까지를 말합니다. 그리고 정년퇴직 이후 세상을 떠날 때까지가 '서드 에이지Third Age'로 3단계가 됩니다. 2단계로 구분하는 경우는 태어나서 직장생활을 마칠 때까지를 1단계로 보고, 그 이후를 2단계로 나누는 것입니다(논자에 따라서는 인생 4모작, 심지어 N모작으로 구분하기도 한다).

은퇴나 노후문제를 다룸에 있어서는 2단계로 구분하는 것이 간단명료한데 그 시점을 어디로 할 것인가는 따져볼 필요가 있습니다. 흔히 정년퇴직을 기준으로 하는데 문제는 '정년' 운운하는 것 자체가 상당히 안정적인 직장을 전제로 한다는 것입니다(이렇게 구분하는 것은 그렇게 구분한 사람이 공무원이거나 교수, 연구원 등 정년이 지켜지는 직장인이었기 때문이 아닌가 싶다). 예컨대 정년이 없는 사람 ─ 자유 직업인이거나 수시로 직장이동을 한 사람은 기준이 애매해집니다. 더욱이 '3단계론'과 '2단계론'이 공존함으로써 자칫 헷갈릴 수 있고 반퇴나 완퇴와 같은 구분이 어렵다는 등의 불편함이 있습니다. 그래서 이 책에서는 은퇴 이후나 노후를 종종 '2막인생'이라고 표현합니다.

자, 이제 퇴직과 은퇴 그리고 노후와 관련된 용어의 의미가
분명해졌습니까? 노후문제는 이렇듯 용어의 정의를 분명히
하는 데서 출발하기에 〈은퇴경쟁력을 키워라〉의 문을 열면서
이 점을 상세히 거론했습니다.

노인의 정의

'통섭'으로 유명한 최재천 교수는 《당신의 인생을 이모작하라》(삼
성경제연구원, 2010)에서 미국 미네소타 의학협회가 내린 '노인'의
정의를 이렇게 소개하고 있습니다. 참고해둡시다.

1. 스스로 늙었다고 느낀다.
2. 배울 만큼 배웠다고 느낀다.
3. "이 나이에 그깟 일을 뭐 하려고 해!"라고 말하곤 한다.
4. 내일을 기약할 수 없다고 느낀다.
5. 젊은이들의 활동에 아무런 관심이 없다.
6. 듣는 것보다 말하는 것이 좋다.
7. 좋았던 그 시절을 그리워한다.

2.

스토리텔링에
속지 마라

은퇴와 노후문제에 대한 첫걸음을 내딛으면서 먼저 당부할 것이 있습니다. 남의 은퇴, 남의 노후에 대한 이야기에 지나치게 감동하거나 오판하지 말라는 것입니다. 책이나 뉴스 등을 통하여 또는 이웃 은퇴자의 생활을 보면서 부러워하는 경우가 있을 것입니다. 일단 냉정해져야 합니다. 남의 스토리는 때로 뻥이 심합니다. 남의 떡이 더 커 보이는 것은 은퇴문제에 있어서도 마찬가지입니다.

요즘 스토리텔링Storytelling이 유행입니다. 어떤 사실을 그대로 전달하기보다 재미있는 스토리, 흥미진진한 이야기로 전달하면 보다 더 생생하고 설득력이 높아지기 때문입니다. 그래서 요즘은 기업의 광고도 직접적인 상품 선전을 벗어나 그 상품에 얽힌 스토리로 풀어갑니다. 관광 명소도 스토리가 없으면 썰렁합니다. 책도 마찬가지입니다. 소설은 말할 것도 없고 자기계발서를 비롯한 실용서, 심지어 전문서적도 스토리텔링을 하는 추세입니다. 스토리텔링이 사람의 감성을 자극하는 데 제격이기 때문입니다.

그런데 스토리텔링을 하다 보면 부지불식간에 과장이나 허구가 포함되기 쉽습니다. 그것은 어쩔 수 없는 스토리텔링의 속성이기도 합니다. 사실을 스토리로 엮다 보면 알게 모르게 수식어나 문장이 추가되게 마련이고 그러다 보면 본의 아니게 '진실'을 넘어 사실이 과장됩니다. 설령 사실 그대로 스토리텔링을 하더라도 그것을 보고 듣는 이가 상상을 통해 스스로 과장되게 인식합니다. 그것 또한 스토리텔링의 특성입니다.

스토리텔링의 함정

나의 페이스북 친구가 내게 질문을 했습니다. 아마 TV에 수시로 출연하는 유명강사(여성)를 보고 의아한 생각이 들었던 모양입니다. 질문의 요지는 "유명한 강사로 전국을 돌며 살인적 스케줄을 소화한다는데, 그렇게 바쁜 사람이 농사를 짓고 거두고 갈무리도 직접 하며 가사와 요리까지 모두 손수 하면서 TV출연까지 하는 게 가능하냐?"는 것입니다. 그 초인적 능력이 불가능하다고 생각한 모양입니다. 그 질문을 받자 문득 떠오른 장면이 있습니다.

부산에서 강의를 할 때였습니다. 강의 도중에 10분간 휴식을 취하는데 20대 후반의 젊은 여성 두 사람이 내게 다가와 질문을 했습니다. 그녀들의 질문을 요약하면 이런 내용이 됩니다.

"어제 강의를 했던 분은 하루에 4시간 이상 잠을 자지 않으면서 매일 책 한 권을 읽고 1편 이상의 글을 꼭 써서 책을 낼 준비를 하며, 매달 신문이나 잡지에 칼럼을 기고하고 그러고도 전국을 돌며 1년에 200~300회 이상의 강의를 한다고 하시는데 그게 가능한가요?"

그 질문을 받고 나는 빙그레 웃었습니다. 그러고는 그녀들만 들으라는 듯이, 마치 천기를 누설하는 양 작은 목소리로 속삭였습니다.

"그거 구라예요."

그녀들의 눈이 휘둥그레졌습니다. 너무 적나라하고 속된 표현에 어안이 벙벙한 모양입니다. 나는 너무 실망을 시켰나 싶어 설명을 덧붙여줬습니다.

"농담이에요(이렇게 말해서 한 발 물러섰다). 물론 한때 그렇게 일하는 경우도 있겠죠. 그러나 1년 365일 계속 그렇게 하면 죽습니다."

그제야 그녀들은 호기심의 답을 찾은 모양입니다. 이구동성으로 합창을 하며 다시 확인을 했습니다.

"그렇죠? 그런 거죠?"

가끔 책이나 강의를 통해 정말 이해할 수 없을 만큼 초인적인 일정을 소화하는 스토리나 지독한 성공담을 듣게 됩니다. 물론 세상에는 상상을 초월하는 사람이 있으니까 그런 사람도 있을 수는 있습니다. 그러나 인간의 체력에는 한계가 있으며 누구든지 24시간밖에 주어지지 않는다는 사실을 잊지 마세요. 따라서 강의나 TV를 통해 어떤 스토리를 접할 때는 스토리텔링의 속성을 이해하며 새겨들어야 합니다.

마찬가지로 2막인생의 성공담이나 에피소드를 다룬 스토리텔링에도 (거의)반드시 거품이 들어있습니다. 어떤 이가 퇴직한 후 2막인생을 살면서 젊었을 때보다 더 왕성히 활동하는 은퇴에 관한 스토리를 알고 크게 부러워할 수 있습니다. 어쩌면 그렇게 체력이 막강하냐고 감탄할지 모릅니다. 그러나 스토리텔링에 속지 마세요. 가끔은 특출한 사람이 있을 수 있지만 인간은 오십보백보입니다. 당신은 상대를 백발이 휘날리는 초인적 영웅으로 상상할 수 있습니다. 그러나 그도 '노인'임을 잊지 마세요. 스토리로는 멋져 보일지 몰라도 사실은 체력고갈과 병치레로 전전긍긍하고 있을지 모릅니다.

상황을 오판하지 말라

이런 유머가 생각납니다. 어떤 70대 노인이 의사를 찾아와 하소연합니다.

"제 친구는 아직도 젊은 여자와 섹스를 즐기면서 상대를 녹다운시킨다는데, 저에게도 좋은 처방이 없습니까?"

그 말을 듣고 의사가 심드렁하게 한 마디 던집니다.

"어르신께서도 말씀으로는 그렇게 하고 다니십시오."

즉, 그 노인이 들은 친구의 무용담(?)을 믿지 말라는 우스갯소리입니다. 스토리텔링에 속지 말라는 경고이기도 하고요. 은퇴관련 책이나 노후관련의 강의를 보고 들으며 자칫 환상에 사로잡힐 수 있습니다. 수만 명 중에 한 사람 나올 듯 말 듯한 특수한 사례를 일반화하는 우를 범하면 안 됩니다.

나의 스토리도 가끔은 상대에게 왜곡되어 전달되는 수가 많습니다. 나로서는 사실을 말하는데 듣는 이가 착각을 하는 것이죠. 예를 들어 사람들에게 "지금까지 책을 60여 권을 썼다"고 말한다면 이건 분명히 사실입니다. 그리고 "책을 쓰기 시작한 후 집필의 막바지에 다다르면 하루에 서너 시간밖에 못 자며 집중한다"는 말도 틀림이 없습니다. 그러나 그 스토리를 듣는 사람은 70세 중반의 나이인 나를 책을 쓰는 내내 '하루도 빠짐없이 잠을 3~4시간 정도밖에 안 자는' 슈퍼맨으로 받아들인다는 말입니다. 그것이 '스토리텔링의 함정'입니다.

결론적으로 당신의 은퇴와 노후를 설계하기 위해 책을 참고하거나 성공사례를 들을 때는 중심을 잡고 현실을 직시해야 합니다. 그러지 않으면 자칫 판단을 잘못할 수 있고 상황을 오판하게 됩니다. 당신만 무능한 것 같아 기가 죽습니다. 그럼으로써 노후의 대책을 세울 때에 헛발질을 하게 될지 모릅니다.

은퇴문제를 다루는 책을 쓰는 사람도, 그것을 강의하는 사람도 스토리텔링의 함정에 빠지지 않도록 용어와 표현의 선택에 조심해야 하며, 듣는 사람 역시 스토리텔링의 허점을 감안하고 들어야 한다는 말입니다. 아시겠습니까?

3.

나이는
숫자에 불과하다고?

"나이는 숫자에 불과하다."

우리나라 광고계의 크리에이티브 디렉터로 잘 알려진 박웅현 씨가 2002년에 어느 통신사의 광고카피로 사용하면서 등장한 말입니다. 이 말 한마디로 그 회사의 경영실적이 얼마나 좋아졌는지는 논외로 하고, 우리네 중장년층과 노인들에게 큰 위로와 희망을 준 최고의 명언임에 틀림없습니다.

2002년이라면 내가 막 50대에 접어든 때였기에 정말로 그렇겠다고 생각했습니다. 한창 열정적으로 일하던 때이기에 그까짓 나이쯤이야 말 그대로 숫자에 불과하다는 데 쾌히 동의했습니다. 어쩌다 노인의 티를 내는 사람을 보면 나이는 숫자에 불과한데 뭘 그러냐는 눈으로 째려본 것이 사실입니다. 지난날에 글을 쓰면서 '나이는 숫자에 불과하다'는 말을 종종 인용하기도 했습니다.

그러나 세상에! 인생은 살아봐야 압니다. 함부로 남을 평가

하거나 자기의 기준으로 재단해서는 안 됩니다. 60대의 후반에 들어서면서부터 뭔가 잘못됐다고 생각했습니다. 70세를 훌쩍 넘긴 이제는 그 말이 허구임을 압니다. 늙어봐야 깨닫습니다. 나이가 숫자에 불과하다는 말은 좋은 광고 카피일 뿐 현실에 대입하면 사실이 아닌 경우가 훨씬 더 많다는 것을 말입니다. 아마도 그런 카피가 나올 수 있었던 것은 박웅현 씨가 나이든 사람이 아니었기 때문일지도 모릅니다. 그러기에 "너 늙어봤냐? 나는 젊어봤다"는 말이 더욱 실감나게 다가옵니다.

은퇴생활의 적, 슈퍼노인증후군

은퇴나 노후문제를 다룬 많은 이들이 '나이는 숫자에 불과하다'는 것을 신봉합니다. 그러면서 즐겨 인용하는 사례가 있습니다. 80대 또는 90대의 나이에 왕성하게 활동하는 사람을 말입니다. 때로는 그 나이에 히말라야 등의 오지탐험이나 등반에 성공한 사람을, 때로는 전국을 돌면서 한 달에 수십 번의 강의를 하는 노인을 말입니다. 때로는 퇴직 후에 여러 개의 자격을 딴 집념어린 사람을, 때로는 젊은이들보다 더 바쁜 일정을 소화하는 노인을 말입니다.

TV나 신문, 잡지 등의 미디어도 은퇴·노후문제를 다룰 때 빠짐없이 눈코 뜰 새 없이 바쁜 노인을 사례로 등장시킵니다. 그러다 보니 알게 모르게 늙으면 모두 그렇게 살아야 하는 것으로 착각합니다. 젊었던 시절에도 해보지 않았던 거창한 목표를 세우고 그것에 도전해야 제대로 된 노후를 맞는 것으로 착각합니다. 100개쯤 되는 버킷리스트를 만들고 그것을 이루기 위해 혼신의 힘을 쏟아야 되는 줄 압니다. 이름하여 '슈퍼노인증후군'입니다. 이 역시 스토리텔링의 함정에 빠진 결과입니다.

실제로 미국의 노년학자 데이비드 에커트David Ekerdt는 은퇴자들에게 '바쁨의 윤리busy ethic'가 존재한다고 했습니다. 즉, 노년의 삶 역시 다양한 활동으로 채워져야 한다는 기대가 존재하기에 다양한 활동을 하는 라이프스타일이 노후 생활의 표준으로 정형화되는 우를 범하고 있다는 것이죠. 그래서 사색적이거나 비활동적인 삶, 느긋이 여유와 자유를 누리는 생활 방식을 부정적으로 바라보는 경향이 있다는 것입니다(한경비즈니스, 2012. 7. 13).

결론적으로 슈퍼노인증후군을 떨쳐버려야 합니다. 나이는 숫자에 불과한 것이 아닙니다. 그런 패기와 믿음을 갖는 것을 나무랄 수는 없지만 나이가 많다는 것은 늙은 것이며 그만큼 쇠잔한 것입니다. 그것을 인정해야 합니다. 팔팔했던 젊은 날에 이루지 못한 것을 노후에 어찌 다 이룰 수 있겠습니까. 가끔은 젊은이를 능가하는 슈퍼노인도 있겠지만 누구나 그렇게 되는 것은 아닙니다. 노후나 은퇴 문제를 다루는 사람들의 충동질에 부화뇌동해서는 안 됩니다. 당신은 당신의 스타일대로 사는 게 정도입니다. 괜히 과욕을 부렸다가는 노욕이 되고 결국 수명을 단축할 것입니다. 아니 수명이 단축되고 아니고를 떠나 그게 바람직한 삶의 방식도 아닙니다.

　삼성생명 은퇴연구소의 윤성은 책임연구원은 "슈퍼노인증후군은 은퇴생활의 적"이라며 이에 대하여 좋은 지적을 했습니다. 활동성과 독립성, 젊음의 유지만을 강조하는 노후 생활의 모델은 나이 듦의 과정을 온전히 바라보지 못하는 불완전한 생애의 각본이라면서 심리학자 칼 융Carl Jung이 지적한 대로 인간은 태어나서 죽음에 이르기까지 끊임없이 성장하는 존재이기에 장·노년기의 성장은 젊은 시절에 열심히 일하느라 억압됐거나 잊고 있었던 자아를 되찾고 새로운 삶의 목적이나 가치를 발견하는 것이 되어야 한다고 했습니다.

　따라서 인생의 3분의 2를 돈 벌고 자녀 키우고 성공을 추구하며 열심히 바쁘게 살았다면 나머지 3분의 1인 노후의 삶은 진정한 자아와 인생의 의미, 그리고 가치를 찾는 삶으로 전환해야 한다는 그의 주장에(한경비즈니스, 2012. 7. 13) 나는 전적으로 동의합니다. 나와 의견이 일치합니다.

　나이는 결코 숫자에 불과한 것이 아닙니다. 그것은 삶의 무게요 그 무게만큼 버티는 데 힘이 듭니다. 따라서 나이 들면 나이든 것에 어울리는 삶의 방식을 찾아야 합니다. 그 나이에 맞는 라이프스타일을 만들어내야 합니다. 그것이 노후다운 삶을 보장하는 길이요 은퇴전략의 바탕입니다.

4

은퇴와 노후에 대한
7가지 착각

고령화 시대라고 합니다. 책은 물론이고 신문이나 TV 등도 노후의 문제를 많이 다루고 있습니다. 이애란 씨의 노래 '백세인생'이 히트 쳤습니다. "백 세에 저세상에서 날 데리러 오거든 좋은날 좋은 시에 간다고 전해라"라는 그 노래 말입니다. 직장인의 정년이 60세로 연장된 것이 얼마 전인데 곧 70세 정년시대가 올 것이라 합니다. 얼핏 보면 노인들의 천국이 된 듯합니다.

그러나 정말 그럴까요? 사람들은 노후에 대하여 크게 잘못 생각하고 있는 것 같습니다. 착각하고 있습니다. 막연히 뭔가 "잘되겠지~" 하는 환상에 빠져있는 것은 아닐까요? 나이는 숫자에 불과하다면서.

그래서 우리가 흔히 저지르는 노후에 대한 착각을 7가지로 정리해봤습니다. 빨리 착각에서 벗어나 젊었을 때에 착실하게 노후를 준비해야 합니다. 청춘을 알차게 보내야 행복한 노후를 맞게 되니까요.

꿈 깨자. 착각에서 벗어나자

착각1: 나이는 정말 숫자에 불과한 줄 안다.

정말로 나이 들어보세요. 세상에서 가장 무서운 것이 세월임을 절실히 깨닫게 될 것입니다. 나이는 숫자에 불과한 것이 아니라 숫자 이상의 무거운 의미가 있습니다.

착각2: 자신도 송해 선생처럼 90세까지 팔팔할 줄 안다.

우리나라 사람들이 가장 부러워하는 노후의 롤모델로 손꼽히는 사람이 고 송해 선생이라고 하지요. 더구나 돌아가실 때 며칠 몸져눕지도 않으셔서 더욱 부러워합니다. 그러나 누구나 그분처럼 되는 것은 아닙니다. 우리 눈에 보이지 않는, 훨씬 많은 노인들이 이른 나이에 세상을 떠나거나 오랫동안 몸져누워있습니다. 살아있더라도 무위도식의 우울한 나날을 보내고 있습니다. 세월의 무게를 힘겨워하면서 말입니다.

착각3: 고령화 시대라니까 고령자가 행복한 세상이 되는 줄 안다.

장수하는 것이 재앙이라는 말이 괜한 소리가 아닙니다. 준비 없는 은퇴야말로 재앙입니다. 자칫하면 '고령화 시대'는 노인들의 '고통화 시대'가 됩니다.

착각4: 인생이 정말 60부터인 줄 안다.

이것도 나이는 숫자에 불과하다는 말과 함께 착각을 일으키게 하는 주범(?)입니다. 인생이 60부터가 되려면 젊었을 때부터 엄청난 노력을 해야 합니다. 그러지 않으면 인생은 60부터 확실히 내리막길이 됩니다.

착각5: 돈만 있으면 노후가 편안할 줄 안다.

노후에 돈이 중요한 것은 물론입니다. 그러나 돈 때문에 부모·자식 간에 풍파를 겪는 경우도 많습니다. 또한 건강을 잃으면 억만금도 휴지에 불과합니다. 그러기에 이재관리 이상으로 건강관리와 집안관리에 힘써야 합니다.

착각6: 자기 자식만은 부모에게 효도할 줄 안다.

사람들은 자식들이 효도하기가 어렵다는 것을 잘 압니다. 그럼에도 '내 자식만은' 남과 다르리라 기대합니다. 꿈 깨세요. 자녀들이 불효자라서가 아닙니다. 그들은 그들의 삶을 영위하기도 힘에 겨워 허덕거릴 세상이 됐습니다. 그러니 독립적인 노후생활을 설계해야 합니다.

착각7: 그래도 배우자만은 자신을 지켜줄 줄 안다.

고령의 아내와 남편 중 한 사람은 먼저 세상을 떠납니다. 뿐만 아니라 나이 들면 자신의 몸도 가누기 힘든데 배우자를 어

찌 지킬 수 있을까요? 설령 함께 노후를 맞더라도 서로 존경
받고 사랑받을 만한 처신을 젊은 날부터 쌓지 않으면 노후는
함께 살아도 남처럼 됩니다.

인생살이의 7가지 중대한 착각

우리가 착각하는 건 은퇴와 노후에 대한 것만이 아닙니다. 어쩌
면 인생살이 전체를 착각 속에 사는 건지도 모릅니다. 그래서 세
상살이의 단계마다 갖게 되는 7가지의 착각을 꼽아봤습니다. 세상
을 살면서 착각하는 것이 어찌 7가지뿐이겠습니까마는 재미로 읽
어보세요. 그러나 분명 교훈은 있습니다. 젊은 날에 어떻게 노후를
준비해야 할지도 감이 잡힐 것입니다.

1. 어렸을 때: 어른이 되면 하고 싶은 대로 하는 줄 안다.
어른이 돼봐서 알 것입니다. 마음대로 할 수 있는 게 별로 없다는
것을.

2. 학창 시절: 좋은 직장만 잡으면 모든 게 해결되는 줄 안다.
막상 취업에 성공해보세요. 산 넘어 산입니다. 소위, 좋다는 직장일
수록 들어가기도 힘들지만 입사한 이후에 경쟁도 더 치열해집니다.

3. 청년 시절: 꿈꾸면 이뤄지는 줄 안다.

한마디로 '구라'입니다. 꿈은 꿈일 뿐, 꿈을 이루는 것은 지독한 실행입니다. 늘 강조하지만 세상은 예상치 못했던 행운과 불운으로 점철됩니다.

4. 직장 초년: 최선을 다하면 성공하는 줄 안다.

세상은 그렇게 순박하지 않습니다. 높이 올라간 사람이 꼭 훌륭한 것도, 똑똑한 것도, 실력이 있는 것도 아닙니다. '운'이 중요합니다. 우리가 바른 정신을 갖고 꾸준히 노력해야 하는 이유는 그래야 운이 열리기 때문입니다.

5. 직장 중년: 높이 올라 성공하면 행복할 줄 안다.

과장이나 차장쯤 되면 임원이 정말 별처럼 보일 것입니다. 얼마나 좋을까 부럽기도 할 것입니다. 그러나 잊지 마세요. 높이 올라간 만큼 걱정의 크기도 높아집니다.

6. 퇴직 직후: 100세 시대니까 퇴직 후에도 30~40년이 남는 줄 안다.

40년이 남으면 뭐 합니까? 별 볼 일 없는 40년은 재앙입니다. 건강하지 못한 40년은 죽음보다 나을 게 없습니다.

7. 은퇴 이후: 죽으면 그래도 자식들이 자기의 유지를 받들 줄 안다.

당신이 부모에게 어떻게 했는지 돌아보면 해답이 나옵니다. 사랑은 내리 사랑입니다. 자식들은 자기의 갈 길이 바쁩니다.

5.

자발적 위기감과
창의적 공격성

　글로벌 일류기업으로 소문난 A그룹에서 얼마 전에 있었던 일입니다. 일류기업답게 여러모로 신경 써서 아웃플레이스먼트outplacement(퇴직자 또는 퇴직예정자의 재취업을 위해서 제공되는 일련의 서비스 프로그램)의 일환으로 퇴직에 대비한 교육을 실시했습니다. 잘 아는 바와 같이, 아웃플레이스먼트는 기업이 부득이한 사정으로 구조조정을 하거나 희망퇴직을 하는 등 자발적·비자발적으로 퇴직하게 되는 사원들에게 실직의 충격을 줄여주고 전직 또는 창업 등의 일자리를 찾을 수 있도록 배려해주는 것입니다.

　회사에서는 단계적으로 전 사원을 대상으로 확대하기로 하고 우선 50대에 가까운 간부들부터 교육을 하기로 했습니다. 회사에서는 나름대로 신경을 써서 교육장소를 서해안의 고급 리조트로 삼았고 분위기를 좋게 하기 위해 부부동반, 2박3일의 일정으로 진행했습니다.

그런데 이게 웬일입니까? 예상을 깨고 교육 분위기가 매우 썰렁했습니다. 그동안의 노고를 위로하려는 목적도 있었기에 두 번째 날 저녁에는 밴드까지 동원하여 간담회라는 이름으로 노래하고 춤추는 프로그램도 있었지만 흥이 오르지 않기는 마찬가지였습니다. 원래 이런 자리는 남성들보다 여성들이 흥을 돋우기 마련인데 오히려 부인들의 분위기가 더 좋지 않았습니다.

왜 그랬을까요? 이유는 간단합니다. 새로운 직장에 대한 희망이 생기는 것이 아니라 '이제 드디어 직장을 그만두게 되는가 보다'라고 생각했기 때문입니다. 아웃플레이스먼트라고 그럴듯하게 포장은 했지만 결국은 퇴직교육이요, 곧 구조조정이라는 이름으로 퇴출을 감행할 모양이라고 지레 짐작한 것입니다. 머지않아 퇴직하게 될 것을 생각하니 분위기가 좋을 리가 없습니다. 그런 남편을 바라보는 부인들의 심사는 참담했습니다. 갑자기 남편이 더 늙어 보이고 무능하게 보이며, 앞으로 어떻게 살 것인지 걱정이 앞서는데 춤과 노래가 나올 리 만무하죠. 아내의 반응이 그러하니 남편들은 자연히 주눅이 들고요. 이것이 바로 현실과 이상의 차이입니다.

스스로 위기감을 가질 것

매년, 연말이 다가오면 직장인들의 고민이 깊어집니다. 특히 나이가 든 간부일수록 더욱 그렇습니다. 연중행사처럼 명예퇴직 또는 희망퇴직이라는 이름으로 직장을 떠나야 하는 사람이 있기 때문입니다(특히 요즘은 상시 구조조정의 시대라서 아무 때고 상황이 악화되어 직장을 떠나게 될 수 있다). "2막 인생" 운운하며 스스로를 달래보지만 생각할수록 혼란스러울 것입니다. 스펙 좋은 창창한 젊은이들도 일자리를 구하기 힘든데 나이 든 사람이 퇴직 이후에 제대로 된 일자리를 구한다는 것은 쉬운 일이 아닙니다.

그러나 냉정히 생각해 보면 인생이 원래 그렇습니다. 어느 지점을 통과하고 나면 서서히 내리막길을 갑니다. 은퇴의 길, 2막인생을 맞게 됩니다. 그 현실을 담담히 받아들여야 합니다. 그러나 그것은 이성적 판단일 뿐 막상 "퇴직" 운운하며 그것이 현실이 되면 크게 당황합니다. 준비가 되어 있지 않기 때문입니다. 정확히 표현하면 준비가 '덜' 됐기 때문입니다. 언젠가 퇴직을 하는 것은 100% 분명한 일인데 왜 준비가 덜 될까요? 지금 당장의 일이 아니라 '내일' 준비해도 될 것이라며 긴장을 늦추다가 어느 날 덜컥 현실과 마주하게 되는 것입니다.

퇴직·은퇴 전략의 제1은 '자발적 위기감'을 갖는 것입니다. 제발 느긋하게 생각하지 말고 스스로 위기의식을 가지라는 것입니다. 상시위기·복합위기의 시대에는 언제 갑자기 퇴직에 직면할지 모릅니다. 사정이 이런데 천천히 준비한다고요? 안 됩니다. 자발적 위기감으로 스스로를 통제해야 합니다. 그때

가서 준비한다고요? 그땐 이미 늦습니다. 조바심이 납니다. 그러면 될 일도 안 됩니다.

아무도 당신에게 위기감을 주지는 못합니다. 퇴직에 대비하여 위기감을 가지라고 권고하지만 그것은 '건성'일 수밖에 없습니다. 위기를 경고하는 책과 강연이 많지만 애절함이 담긴 것은 아닙니다. 그건 바로 당신의 문제지 경고자의 문제는 아니니까요.

따라서 스스로 위기감을 높여야 합니다. 그렇다고 벌벌 떨거나 불안해하라는 것은 아닙니다. 아니, 앞날에 대하여 느긋하기보다는 차라리 벌벌 떨고 불안해하기를 바랍니다. 불안감은 자기계발의 동력이요 미래를 준비하는 강력한 자극이니까 말입니다.

제발이지 자발적 위기의식을 작동시키기 바랍니다. 미래에 대한 욕망과 그것을 이루려는 깊은 고뇌 그리고 현실에 대한 자발적 위기감과 불안이 없다면 당신은 은퇴경쟁력이 없는 것입니다.

창의적 공격성을 발휘할 것

여기서 한 가지 덧붙일 것이 있습니다. 단순히 위기감을 스스로 느낀다고 해서 문제가 해결되지는 않는다는 것이죠. 위기를 느끼는 것 못지않게 그것을 극복하려는 노력, 위기에 대응하는 실천적 자세가 필요합니다. 원래 '공격은 최선의 방어'

라고 합니다. 위기는 피할수록 험하게 달려듭니다. 따라서 위기에는 공격적으로 대응하는 전략을 채택할 필요가 있습니다. 그것을 '창의적 공격성'이라고 하면 어떨까요? 위기를 공격으로 돌파하되 창의성을 발휘해야 한다는 말입니다. 무대포로 되는 게 아닙니다. 지혜가 있어야 하고 독특한 아이디어가 있어야 합니다.

아무리 은퇴 후가 걱정되더라도 정신을 차려야 합니다. 기죽은 자세로 전전긍긍하는 것도 정도正道가 아닙니다. 호랑이에게 물려가도 정신을 차리라 했고, 위기가 기회라는 말도 있지 않습니까?

오히려 상황이 이러하기에 당신만의 진면목을 보여야 합니다. "여건이 이러니 어쩔 수 없다"는 변명이나 패배의식은 금물입니다. 전열을 가다듬고 정신을 바짝 차려 도전해야 합니다. 역사학자 아놀드 토인비의 말을 빌리지 않더라도 역사는 도전과 응전으로 이뤄지며 성장은 도전에 어떻게 응전하느냐에 따라 달라집니다.

위기의 도전에 제대로 응전하려면 방어적이기보다는 공격적이어야 합니다. 노벨물리학상 수상자이며 2000년대 초에 한국과학기술원KAIST의 총장을 지낸 로버트 러플린Robert Betts Laughlin 박사가 인터뷰에서 한 말이 새삼 떠오릅니다.

그는 한국인들이 경쟁을 기피하는 풍토에 젖어있으며, '타

고난 공격성killer instinct’이 부족하다고 꼬집었습니다. 한마디로 결정적인 순간에 강하게 밀어붙이는 집요한 공격성, 킬러의 본능이 없다는 것입니다. 이제 안락지대에 머물지 말고 킬러의 강한 공격성으로 무장하여 치열한 전장으로 스스로 나서야 합니다. 끈덕지게 물고 늘어지는 독한 근성을 발휘해야 합니다. 최선을 넘어 죽기 살기로 덤벼야 합니다. 전력투구해야 합니다.

 ‘하버드대 인생학 명강의’라는 부제가 붙은 최근의 베스트셀러 《어떻게 인생을 살 것인가》에서 저자 쑤린이 말했습니다. “최선을 다하기보다 전력투구를 하라”고 말입니다. 최선이든 전력투구든 그 말이 그 말 아니냐고 할 수 있는데, 쑤린이 사냥개와 토끼를 예로 들어 설명한 것을 듣고 나면 마음에 와 닿는 게 있습니다. ‘최선’이 수동적인 것이라면 ‘전력투구’는 능동적이고 적극적이라는 것입니다. 한마디로 공격적인 것입니다.

전력투구할 것

 어느 날, 사냥꾼이 토끼의 뒷다리를 총으로 쏘아 맞혔습니다. 그러자 상처를 입은 토끼를 사냥개가 쫓아갑니다. 토끼는 다리를 절면서도 뛰어 달아나 결국 사냥개를 따돌리는 데 성공합니다. 토끼를 놓친 사냥개에게 사냥꾼이 크게 나무라자 사냥개가 대꾸합니다.

 “저는 최선을 다했다고요!”

반면, 쩔뚝거리며 집으로 돌아온 토끼를 친구들이 에워싸며 놀랍다는 듯이 묻습니다.

"상처를 입고서 어떻게 사냥개를 따돌린 거야?"

그러자 토끼가 대답합니다.

"사냥개는 최선을 다했지만 나는 전력투구했거든. 사냥개는 나를 못 잡으면 꾸지람을 들으면 그뿐이지만 나는 목숨을 잃잖아."

이제 최선과 전력투구의 차이가 실감나게 다가올 것입니다. 최선을 다했다는 것으로는 부족합니다. 그것은 패자의 변명에 지나지 않습니다. 죽기 살기로 대응해야 합니다. 그러면 길이 보입니다. 은퇴 이후에 어떻게 해야 할지가 말입니다.

6.

은퇴 준비는
미리미리

이번의 주제는 '직장생활을 어떻게 할 것인가?'에 관한 것입니다. 그렇다고 일반적인 직장생활의 요령을 밝히는 것이 아닙니다. 퇴직 또는 은퇴 전략과 관계된 직장생활에 관한 것입니다. 퇴직과 은퇴, 그리고 노후를 생각한다면 현직에 있을 때 어떤 식으로 직장 생활을 해야 할 것인지를 말하려는 것입니다.

은퇴 준비는 빠르면 빠를수록 좋습니다. 완벽한 은퇴 준비가 일찍 되어 있을수록 직장생활이 안정적이 됨은 말할 것도 없습니다. 직장 생활이 안정적이 된다는 것은 자기가 하고 싶은 일을 소신껏 멋지게 할 수 있다는 의미가 됩니다. 그것이야 말로 직장 생활의 로망입니다. 따라서 은퇴 경쟁력을 갖추는 것은 곧 현직의 경쟁력을 뒷받침하는 것과 같습니다.

그럼 어떻게 하면 그런 직장생활이 가능할까요? 물론 고려하고 실행할 사항은 수십 가지, 또는 수백 가지가 넘을 것입니다. 그것만으로도 책 한 권, 아니 여러 권의 분량이 될 것입니다. 그러나 그것을 모두 실천할 수도 없고 전부 기억할 필요도 없습니다. 그래서 나는 이 책에서 여러 요령을 다룰 때 5가지 내외를 골라 권장합니다.

나는 글을 쓰거나 주장을 펼 때 실행할 요령들을 '1·2·3·4·5'와 같은 숫자나 또는 '비·비·비'(뒤에 나온다)처럼 머리글자의 음으로 만들기를 좋아합니다. 이 책에서도 그런 요령이 수시로 등장합니다. 그러면 책이 가볍게 느껴질 수 있다고요? 그건 뭘 몰라서 그렇게 생각하는 겁니다. 은퇴와 노후문제를 다루는 데 거창한 논리와 이론이 필요한 것은 아닙니다. 심오한 철학이 동원될 것도 아닙니다. 이미 다 아는 사항일 수도 있습니다. 한 세대 전의 이야기와 지금의 그것이 별로 다를 바 없을 정도로 말입니다.

그럼에도 왜 우리의 은퇴와 노후는 깔끔하게 틀이 잡히지 않은 걸까요? 그런 회의와 고민 끝에 등장하는 것이 바로 '1·2·3·4·5법' 같은 요령이며 '5계명' '7계명' 따위의 실천덕목입니다. 괜한 말장난을 하는 게 아닙니다. 그것에는 나름의 가치와 목적과 이유가 있습니다.

예컨대 행동수칙을 만들 때 알아야 할 것, 실천해야 할 것을 수십, 수백 가지로 만들면 뭐합니까? 모두 열거해봤자 기억하기도 어렵고 실행하기는 더욱 힘듭니다. 그래서 핵심사항 몇 가지만 확실히 실천하면 된다고 믿기에 그런 식의 요령을 만드는 것입니다. 무엇보다도 기억하기가 쉬워야 마음에 담아 일상에 적용하기도 수월할 테니까요. 그래서 그런 '기법'을 사용합니다. 자, 은퇴준비를 위한 직장생활의 5계명을 '1·2·3·4·5'로 풀어봅니다.

은퇴준비 직장생활 5계명

1. 일과 삶의 균형을 찾아라

모든 것이 다 그렇지만 '균형'은 매우 중요합니다. 특히 직장의 일과 개인적인 삶의 균형을 생각하며 직장생활을 해야 합니다. 요즘 유행하는 표현으로 워라밸work and life balance입니다. 자칫하면 직장 일에만 매달리는 워커홀릭이 되거나 아니면 반대로 개인의 취미생활이나 가사에만 푹 빠지는 우를 범할 수 있습니다. 그러면 한쪽은 성공할지 몰라도 한쪽이 무너집니다. 그것은 궁극적으로 행복하지도 않고 진정한 성공도 아닙니다. 한 가지 유념할 것은 균형이라고 해서 꼭 50:50을 말하는 게 아니라는 것입니다. 예컨대 회사의 중책을 맡게 됐을 때는 직장일의 비중이 커져서 그 균형값이 70:30으로 조절될 수도 있는 것이죠.

2. 이직경쟁력을 갖춰라

직장인의 '힘'은 어디서 오는가? 그 직장을 떠나도 할 수 있는 일이 있을 때 힘이 나옵니다. 여성의 경우도 그렇기는 하겠지만 특히 가족부양을 책임지는 가장으로서의 남성은 사정이 심각합니다. 이직경쟁력이 절대로 필요합니다. 특히 앞으로의 세상은 보통 10회 이상(통계마다 다르다) 직업을 바꾸며 일하게 됩니다. 그런 상황에서 이직경쟁력이 없다는 것은 미래가 매우 불안함을 의미합니다. 그런 상태에서 제대로 된 직장생활은 불가능합니다. 따라서 항상 자신의 능력을 향상시켜 만약의 불상사에 대비해야 합니다. 이직경쟁력이라고 해서 꼭 그 회사를 떠날 생각만 하며 경쟁력을 키우라는 것은 아닙니다. 이직경쟁력은 곧 현직경쟁력이 된다는 점을 감안하여 어떻게 직장생활을 할 것인지 계획을 잘 세워야 합니다(이직경쟁력에 대하여는 뒤에서 자세히 다룬다).

3. 30년 후를 내다보라

지금의 상황이 30년 후에도 같을까요? 20대 직장인이라면 50대에 어떤 일이 벌어질까요? 40대 직장인이라면 70대의 노후를 고려해야 합니다.

세계가 인정하는 투자의 귀재 짐 로저스가 우리나라에 와, 서울대학교에서 강연했을 때 "젊은이여, 농대로 가라"고 권유해서 화제가 됐습니다. 앞으로의 세상은 농업이 가장 유망한 산업이 될 것이라는 이유에서입니다. 그렇다고 모두 농업에 종사하라는 말이 아닙니다. 30년 후를 내다보며 자기계발을 하고 인생설계를 하며 직장생활을 해야 한다는 의미입니다.

4. 사람, 사람에 유의하라

인간관계의 중요성은 아무리 강조해도 지나치지 않습니다. 그러나 여기서 말하고자 하는 핵심은 그런 인간관계를 의미하는 게 아닙니다. 당신의 직장생활에, 그리고 인생에 결정적인 영향을 미치는 것은 바로 '사람'이라는 것을 잊지 말아야 한다는 말입니다. 당신의 성공에 큰 디딤돌이 되는 것도 결국 사람이요, 당신을 나락으로 떨어뜨리는 것도 바로 사람입니다. "세상에 가장 무서운 것이 사람"이라는 말도 있듯이 항상 사람에 유의해야 합니다.

5. 오늘을 점검하라

직장생활의 성공은 어느 날 문득 다가오는 게 아닙니다. 하루하루가 쌓여 성공에 다다릅니다. 은퇴나 노후도 마찬가지입니다. 어느 날 갑자기 다가오는 노후가 아닙니다. 노후는 오늘의 연속선상에 있다는 사실을 인식하고 항상 '오늘'을 점검하며 직장생활을 해야 합니다.

감성지수EQ라는 개념을 대중화시켜 세계 최고의 경영사상가 중 한 사람으로 꼽힌 다니엘 골만Daniel Goleman은 '출근길'에서부터 하루를 점검하라고 했습니다. 그는 "출근길에, 앞으로 일어날 상황에 대하여 구체적으로 생생하게 상상하여 뇌세포(전전두엽Prefrontal cortex)를 자극함으로써 그에 대응하는 행동을 미리 준비해야 한다"며 멘탈 리허설을 하기를 권고한 것입니다(〈하버드비즈니스 리뷰〉, 2001. 12월호).

당신의 직장생활이 성공적이 되려면 위에서 다룬 4가지를 점검하면서 하루를 시작하고 마감하기를 권합니다. 매일 하루를 점검하는 것을 습관화하고 리추얼ritual(혼란스런 세상사로부터 자신을 지키는 혼자만의 의식)화해야 멋진 직장생활이 보장됩니다.

어떻습니까? 꼭 은퇴준비를 위해서가 아니더라도 직장인으로서 이 5가지는 매우 중요합니다. 기억하기 쉽게 만들었으니까, 수시로 이것들을 자문해보고 해답을 찾으면서 직장생활을 하시기 바랍니다.

'나는 과연 일과 삶의 균형을 이루고 있는가?' '나는 이직경쟁력이 있는 직장인가?' '나는 30년 후에 어떤 모습일까? 세상은 어떻게 변화할까? 그것을 위해 어떤 준비를 하고 있는가?' '나는 지금 어떤 사람과 관계를 맺고 있는가? 그 관계의 양과 질은 적절한가?' '오늘의 나는 어떤 모습이었나? 나의 하루는 미래에 어떤 의미를 가질까?'라고 말입니다.

직장을 떠날 때 가슴 치며 후회하는 10가지

1. 회사가 나를 배신할 줄이야…"세상에! 어쩌면 이럴 수가…"

2. 그때 그걸 했어야 했는데…"아! 그때 결단을 내렸어야 했는데…"

3. 이룬 것 없이 세월만 갔네…"과연 내 인생은 무엇이었나?"

4. 결국 나는 아웃사이더였네…"나는 왜 항상 삐딱했을까?"

5. 있을 때 많이 베풀어야 했는데…"남을 가슴 아프게 하는 게 아니었는데…"

6. 건강을 확실히 챙겼어야 했는데…"나는 왜 그토록 미련했을까?"

7. 한 가지 재능은 확실히 개발했어야 했는데…"할 줄 아는 게 별로 없네."

8. 그때 참았어야 했는데…"그 바람에 이 신세가 됐네."

9. 인생을 즐겼어야 했는데…"나는 참 바보처럼 살았구려."

10. 2막 인생이 이렇게 오는 것을…"왜 노후 준비를 소홀히 했던가!"

7.
은퇴경쟁력
5대 과제

은퇴경쟁력을 키우기 위해 해야 할 일과 분야는 다양합니다. 그러나 은퇴와 노후를 생각한다면 크게 5가지가 핵심적인 대상이 될 것입니다. 은퇴문제를 다루는 사람마다 주장이 조금씩 다르지만 대개가 5가지를 꼽는다는 공통점이 있습니다. 어떤 이는 혼자살기, 일, 여행, 텃밭 등 좀 더 여유로움에 초점을 두는가 하면, 어떤 이는 경력, 변화관리, 재무, 네트워킹 등에 방점을 둡니다. 또 어떤 이는 5가지 중에 '마누라'를 핵심적인 것으로 꼽아서 애처로움을 가중시키기도 합니다.

나는 '건재관일족'을 5대 과제로 꼽습니다. '관일족'이 '건재'하다는 의미로 암기하면 기억하기가 매우 쉬울 수 있습니다. 그래서 늘 입에 달고 살라고 그렇게 만들었습니다. 관일족? 이거 어디서 들어본 것 같지 않습니까? SBS TV의 인기프로그램 '정글의 법칙'에 나오는 김병만 씨의 '병만족'이 생각난다면 좋겠습니다. 그것을 흉내낸 것이니까요. 다름 아니라 '관일족'은 바로 나의 이름을 붙인 것입니다. 아! 이 책의 저자가 '관일'이었는지를 이제 깨달은 사람도 있을 것입니다. 책을 읽다 보면 저자 이름을 깜빡하는 경우가 있거든요. 이제 나의 이름만 기억한다면 '건재관일족'은 머릿속에 칵 박힐 것입니다. 쉽게 기억해낼 수 있습니다.

말장난을 하는 것 같지만 이거야말로 장난이 아닙니다. 매우 유용한 방법이며 내용을 알고 나면 그 5가지가 은퇴경쟁력의 핵심과제임을 알게 됩니다. 어쩌면 은퇴의 모든 것은 '건재관일족'에 있다고 해도 과언이 아닙니다. 그리고 더 중요한 사실은 이것이 꼭 은퇴를 목전에 둔 사람에게만 필요한 것이 아니라는 점입니다. 은퇴경쟁력은 젊은 날부터 키워야 하기 때문에 오히려 젊은 시절부터 이 5대과제를 염두에 두고 생활해야 합니다. 그것은 젊은 날의 경쟁력이 됨과 동시에 훗날의 은퇴경쟁력이 됩니다. 자, 그럼 '건재관일족'이 무엇인지 알아봅시다.

건·재·관·일·족

첫째는 건강입니다.

젊은 날에는 건강의 중요성을 크게 느끼지 못할 수 있지만 나이 들면 가장 큰 문제가 건강입니다. 솔직히 노후에는 건강 하나만 확실히 보장돼도 어느 정도의 행복은 보장됩니다. 건강에 대해서는 '일과표 만들기'에서 상세히 설명하겠습니다.

둘째는 재물입니다.

이재관리에 관한 겁니다. 건강하더라도 돈이 뒷받침되지 않으면 그 또한 불행한 노후가 될 수 있습니다. 어떻게 노후를 위해 돈을 모으고, 모은 돈을 관리할 것인지는 특별한 공부가 필요합니다. 보통 돈 관리에 대하여 자신이 잘하고 있는 것으로 아는데 착각입니다. 나처럼 금융기관에서 30년을 보낸 사람도 은행이나 보험사 직원과 대화를 나눠보면 나의 '무식'함에 한탄이 나오곤 합니다. 한번쯤 동네의 공인중개사 사무소에 들러보세요. 직장생활 30년을 하면서 얻은 지식보다 더 나은 재財테크 정보를 접하게 됩니다. 당신이 알지 못했던 다른 세상이 있음에 놀랄 것입니다. 은퇴경쟁력 5대 테마 '건재관일족' 중에서 작심하고 공부를 해야 할 분야가 바로 이재관리임을 잊지 마세요. 공부를 통하여 평생을 관통하는 자신의 재산관리계획을 수립해야 노후가 편안합니다.

셋째는 관계입니다.

인간관계, 친교親交, 즉 네트워크를 말합니다. 노후는 노후 know who에 크게 좌우됩니다. 젊은 날부터 어떤 사람들과 관계를 맺고 친교를 하는지에 따라 은퇴 이후가 달라질 수 있다는 말입니다. "부자가 되려면 부자와 어울려야 된다"는 말도 있듯이 누구와 어울리느냐에 따라 은퇴경쟁력이 달라지고 노후의 품격이 달라짐은 당연합니다. 노후의 일자리와 일거리는 네트워크에 의하여 발견되고 얻게 되는 수가 많습니다. 그런 의미에서 SNS를 하더라도 재미나 소일거리를 넘어 전략적으로 할 필요가 있습니다.

넷째는 '일'입니다.

일자리와 일거리가 중요한 것은 말할 나위 없습니다. 그러나 그것에 대하여는 뒤에 나오는 '이직경쟁력'을 포함하여 별도의 장에서 상세히 다루기에 여기서는 더 이상 설명하지 않겠습니다.

다섯째는 '족', 즉 가족을 말합니다.

노후 생활의 행복은 가족의 관계가 절대적으로 좌우합니다. 아무리 네트워크가 좋고 돈이 있어도 가족관계가 흐트러지면 끝장입니다. 돈 많은 부자가 자식들과의 싸움으로 인하여, 또는 배우자와의 갈등 때문에 화목한 보통사람의 삶보다 더 혼란스럽고 불행한 경우를 수시로 접하지 않습니까? 특히 배우자가 있느냐 없느냐에 따라 노후는 달라지고 배우자가 있더라도 그 관계가 어느 수준이냐에 따라 또 달라집니다. 좋은 배우자야말로 삶의 행복을 좌우하는 최고의 은퇴경쟁력이 됩니다. 가족과의 관계에 대하여는 이 책의 마지막 부분(32장 이후)에서 여러 장에 걸쳐 상세히 다룰 것입니다.

어떻습니까, 건재관일족이? 김병만 씨를 따라 정글을 탐험하는 이들을 '병만족'이라 하듯이 나의 이론과 권고에 따라 퇴직에 대비하고 은퇴경쟁력을 갖춰서 자칫 정글처럼 혼란스러울 노후를 멋지게 사는 사람이라면 '관일족'이라고 감히 규정하겠습니다. 아무쪼록 '관일족'이 되어 '건재'하시길 응원합니다.

건·재·관·일·족, 화이팅!

8.
이직경쟁력을
키워라

직장인 교육을 전문으로 하는 곳에서 연락이 왔습니다. 조기퇴직의 두려움에 대비하여 제2경력을 어떻게 준비해야 할지 강의해줄 수 있겠냐고요. 오늘날 직장인들의 고민이 무엇인지 마음에 와 닿았습니다.

바로 그 때문에 그토록 자기계발을 부르짖는 것 아니겠습니까? 바로 그 때문에 내가 지속적으로 '자기세상'을 만들라고 강조하는 것입니다(자기세상을 만드는 것에 대하여는 뒤에서 다룬다). 그런데도 사람들은 이런 권고를 대개 건성으로 넘깁니다. '설마 내게 그런 불행이 닥칠까?' 생각합니다. 그런 이들에게 주는 좋은 경고가 있습니다.

"설마가 사람 잡는다."

강조하지만 자기계발의 목표는 '이직경쟁력'을 갖추는 데 있습니다. "열심히 일한 당신, 떠나라"며 등을 밀어낼 때, 당황하지 않고 "잘 있거라, 나는 간다"라며 충격 없이 떠날 준비를 평소에 해야 합니다. 제2경력을 관리해야 한다는 말입니다. 그렇다고 지금의 직장 일을 저버리고 자기계발에만 매달리라는 게 아닙니다. 그건 더욱 위험합니다. 두 마리 토끼를 함께 잡는 지혜를 발휘해야 합니다.

불확실성의 시대를 사는 지혜

"회사는 당신을 배신한다."

나의 책《직장을 떠날 때 후회하는 24가지》에서 가장 먼저 강조한 말입니다. 이는 나의 경험에서 비롯된 것입니다. 1980년, 광주민주화운동의 회오리가 강하게 불고 있을 때 새롭게 등장한 소위 '신新군부'는 공적기관에 대하여 '숙정'이라는 이름의 강제퇴직을 대대적으로 전개한 적이 있습니다. 당시 서른 한 살이었던 나도 강요에 의하여 일괄사표를 제출했습니다. 심사에 의하여 사표가 반려되면 살아남는 것이고 아무 소리가 없으면 사라지는 겁니다. 요즘 같으면 촛불 시위를 벌여 저항할 만한 사안이지만 그때는 그렇게 무지막지했습니다. 그때의 참담했던 심정은 지금도 생생합니다.

사표를 반려받기까지(10일쯤 됐을 것이다) 별별 상상으로 잠 못 이루는 밤을 보내야 했습니다. 서른의 나이에 직장을 잃는다면 그 이후의 상황은 짐작이 되고도 남습니다. 더구나 결혼까지 해서 서너 살의 아이까지 있는 형편이라니~~~! 그 '사건'은 충격이었지만 내게는 좋은 약이 됐습니다. 그로 인해 자기계발을 하게 됐고 그럼으로써 특유의 '자기세상'으로 이직경쟁력을 갖추고 노후를 준비하는 데 성공했으니까요.

벌써 40여 년의 세월이 흘렀지만 그때나 지금이나 직장인의 불안감은 마찬가지입니다. 그때의 강제퇴직이 정치적 이유에 의한 것이었다면 지금은 경제적 또는 경영적 이유에 의한 강제퇴직이 구조조정과 명예퇴직이라는 이름으로 시행되는 차이가 있을 뿐입니다.

수년 전, "짐싸는 大企業 임원들⋯매출 줄자 조직축소 '인사寒波'"(조선일보, 2015. 9. 23)라는 제목의 뉴스가 뜨더니, 얼마 안 있어 "'찬바람 부는데' 짐 싸는 삼성 부장들: 삼성전자 시작으로 전방위 확산⋯재계로 확대될까 '촉각'"(아이뉴스24, 2015. 10. 19)이라는 뉴스가 떴었습니다. 냉랭한 '한파주의보'가 임원에서 부장으로까지 내려왔군요. 그러나 이런 종류의 비슷한 뉴스는 그 후로도 계속됐고 앞으로도 수시로 보게 될 것입니다.

이것이 봉급쟁이의 비애요 현실입니다. 이것이 불확실성의 시대를 살아가는 직장인들의 슬픔입니다. 이런 시대를 살면서 어떻게 하시겠습니까? 나는 젊으니까 아직 멀었다고요? 건강은 건강할 때 지켜야 하듯 위험이 조금 멀리 있을 때 위험을 관리해야 합니다.

너무 겁주지 말라고요? 그나마 겁을 먹는 사람이라면 희망이 있습니다. 불안과 공포는 자기계발의 2대 동력 중 하나니까요(참고로, 다른 하나는 '꿈' 또는 '욕심'입니다). 그러나 겁조차 없는 사람이라면 강심장이 아니라 대책이 없는 사람일 뿐입니다. 머지않은 장래에 가슴 떨리는 상황과 맞닥뜨리게 될 게 뻔합니다.

자기계발의 궁극적인 목표

자기계발의 최종목표는 이직능력을 갖추는 데 있습니다. 나의 책 《자기세상을 만들 용기》에서 내가 '상시위기의 시대를 사는 법'의 모델로 소개한 사람은 광주은행의 지점장 박철상 씨입니다. 그는 조선시대 지식인 24인의 서재 이야기를 묶은 책 《서재에 살다》를 펴낸 화제의 인물입니다. 그는 단순히 여러 권의 책을 짜깁기해서 책을 낸 아마추어가 아니라 이 분야에서 자타가 공인하는 고수입니다.

2002년에 유홍준 전 문화재청장의 《완당평전》에 숨어 있는 오류를 찾아내어 학계를 놀라게 했고, 2007년에는 추사 김정희의 금석학 연구서 《해동비고海東碑攷》를 고서점에서 찾아낸 뒤 논문을 통해 의미까지 풀어냈습니다. 지금까지 발표 논문만 30여 편이며 박사학위까지 받았습니다. 이쯤 되면 솔직히 웬만한 대학교수를 뛰어넘습니다.

어떻게 그런 '경지'가 가능하게 됐을까요? 줄기차게 30여 년을 자기계발에 매달린 결과입니다. 그는 직장에서는 지점장으로 일하지만 퇴근하면 1만 권의 장서를 소장한 고문헌 연구, 한국문헌문화연구소장으로 변신합니다(조선일보, 2021. 6. 28)

이렇게 직장 일과 고문헌 연구를 넘나드는 '이중생활'에 푹 빠진 계기가 있습니다. IMF 외환위기 때, 금융인들이 퇴출되는 모습을 보면서 "평생 할 수 있는 일이 무엇일까?" 고민하다가 답을 찾았다는 것입니다. 이쯤 되면 퇴직 이후를 걱정할 필요는 전혀 없습니다. 소득이 있느냐 없느냐를 떠나 평생 할 수 있는 일거리를 확실히 만들어냈기 때문입니다.

'이중생활'이라니까 남들에게 드러날까 봐 걱정하는 부정적인 이면의 생활을 떠올릴 수 있는데 그건 아닙니다. 이중생활은 백세시대를 살아야 하는 오늘날의 직장인으로서 필수적입니다. 투잡Two Job을 하라는 말이 아닙니다. 투잡을 하는 것은 특별한 사정이 없는 한 바람직하지 않습니다. 자칫 두 마리 토끼를 모두 놓칠 확률이 큽니다.

이중생활이란 투잡이 아니라 투라이프Two Life를 말합니다. 현재 몸담고 있는 직장에 충실함과 동시에 훗날을 준비하는 또 하나의 생활을 영위하는 것이 바로 투라이프요 이중생활입니다. 그것은 '상시 구조조정시대'의 자기계발의 핵심전략임과 동시에 퇴직·은퇴전략의 핵심입니다.

직장인들에게 새해 설계를 물어보면 가장 많이 나오는 답이 자기계발입니다. 그러나 자기계발이라는 것이 말은 그럴듯하고 멋져 보여도 실체가 분명하지 않습니다. 그래서 "무엇을 계발할 것인가?"라고 물어보면 '건강' '어학' '자격증 취득' 등

뻔한 답이 나오고 심지어 '금주와 금연'을 말하기도 합니다. 하기는 해야겠는데 손에 꽉 잡히는 게 없다는 의미입니다. 또한 "자기계발을 왜 하는가?"라는 설문에는 '업무역량 강화를 위하여' '승진에 도움이 되고자' '지적욕구 증대' 등등 그럴듯한 이야기가 주로 나옵니다.

그러나 그런 대답은 '교과서적'인 것이요 회사의 눈치를 본 답변입니다. 솔직하게 말한다면, 자기계발의 궁극적인 목적은 '이직(또는 전직)경쟁력 강화'에 있고 더 나아가 퇴직 이후의 삶을 위해서입니다. 이 점을 분명히 해야 이중생활과 자기계발의 목표가 선명히 드러납니다. 이런 주장을 하면 "이중생활을 하면서 어떻게 현직에 충실할 수 있냐?"고 되묻는 사람이 적지 않습니다. 나도 자기계발과정에서 그런 비아냥거림을 많이 받았습니다.

그러나 안 해본 사람은 함부로 말하지 않는 게 좋습니다. 원라이프One Life에 매달린 사람이 더 많은 일을 하거나 유능하다는 보장은 어디에도 없습니다. 그런 사람은 하루 스물 네 시간 오직 회사 일만 할까요? 오히려 쓸데없는 것에 아까운 시간을 낭비하는 경우가 적지 않습니다. "회사일 하기도 바쁜데 어떻게 투라이프를 하냐?"는 지적도 괜한 핑계에 다름 아닙니다. 하면 할 수 있습니다. 내가 해봤기에 확신 있게 권할 수 있습니다.

경영진의 발상전환이 필요

여기서 강조하고 싶은 것은 경영진의 '철학'입니다. 얼마 전, 이름난 최고경영자가 사원들이 업무외적인 칼럼을 쓰고 책을 내는 것을 비판하는 것을 보고 참 안타깝다는 생각을 했습니다. 이중생활을 눈살 찌푸리며 바라보는 회사나 간부들이 있는 한 사원들의 진정한 자기계발은 물 건너갑니다. 긴 안목으로 봐야 합니다. 오히려 사원들의 이직경쟁력을 강화시키기 위해 적극 지원해야 합니다. 회사에 필요한 지식과 기능을 업그레이드 하는 것만을 자기계발로 본다면 그야말로 단견이요, 나쁘게 말하면 마지막까지 '혹사'시키고 내팽개치겠다는 걸 의미합니다.

오늘날 세계적인 기업들은 물론이고 우리나라에서도 이름난 기업에서는 '아웃플레이스먼트Outplacement(전직지원)' '라이프플랜Life Plan(생애설계)' 등의 이름으로 사원들의 커리어관리와 자기계발을 적극 지원하고 있습니다. 그들이 바보라서 그럴까요?

앞으로 직장인들은 평생에 여러 번 전직을 하며 오랫동안 일해야 할 것입니다. 그런 상황에서 사원들이 아무 때고 이직 또는 전직할 수 있는 능력자가 된다면 그는 분명히 유능한 사람입니다. 그의 능력은 어떤 형태로든 회사의 발전과 연결됩니다. 이중생활을 하면 현업에 게으름을 피울 것으로 생각하는데 거꾸로 그런 평판을 듣기 싫어서라도 열심히 일합니다.

그들은 양심 바른 기질의 사람들일 가능성이 높으니까요.

또한 미래가 안정적인 사람이어야 '지금'에 충실할 수 있습니다. 때로는 이중생활의 과정에서 맺게 된 사외의 인맥이나 지식으로 회사에 결정적인 기여를 할 수도 있습니다. 그는 이중생활을 허락하고 지원한 회사에 큰 고마움을 느낄 것이며 자부심을 갖게 되어 더욱 더 충성하게 됩니다. 설령 다른 회사로 이직을 하더라도 기회가 되면 이전 회사를 도와주는 '평생 동지'로 남게 됩니다.

회사에서 퇴직한 사람이 그 이후에도 '잘 먹고 잘 살 수' 있게 하는 것은 회사의 의무요, 장기적으로 회사에 큰 도움이 된다는 말입니다. 여기에도 세상사의 황금률인 'Give & Take', 즉 호혜의 법칙은 어김없이 적용됩니다. 자기계발에 대한 경영층(리더 그룹)의 발상전환이 필요합니다.

9.
퇴직에 임하는
자세

매년 연말이 되면 회사는 승진인사와 더불어 퇴직발령을 냅니다. 요즘은 연례행사처럼 '희망퇴직' '명예퇴직'이라는 이름의 '밀어내기'가 유행입니다. 정년이 있되 보장은 되지 않는 게 현실입니다. 정상적인 퇴직이든 중도의 희망퇴직이든 그것이 예상되는 2~3년 전만 해도 "까짓것!"이라며 대수롭지 않게 넘기지만 막상 퇴직발령이나 대기발령이 나고 나면 상황은 급전직하합니다. "회사가 당신을 배신한다"는 말이 실감 있게 다가올 것이고, 당장 "이제부터 뭘 하지?"라는 질문에 적절한 답변이 떠오르지 않을 것입니다.

여러 책과 인터넷 등에서 '희망퇴직에 대처하는 요령' 등이 제시되지만 솔직히 속 시원한 해법이 되는 경우는 드뭅니다. 그 대답을 제시한 사람 자체가 과연 희망퇴직의 절망적인 상황을 경험해봤는지, 또한 그런 상황을 뚫고 정말로 바람직한 재취업에 성공했는지 되묻고 싶은 경우도 있습니다.

그나저나 확실히 말할 수 있는 것은 퇴직 이후에 발생하는 상황은 사람에 따라, 형편에 따라 다르다는 것입니다. 정답이 없습니다. 각자 헤쳐 나갈 수밖에 없습니다. 이거야말로 각자 도생해야 합니다. 창창한 젊은이들도 일자리를 찾지 못해 난리인데 중년이 넘어선 사람을 누가 제대로 반기겠습니까?

가장 바람직한 상황은 퇴직 이후에는 일자리를 갖지 않는 것입니다. 말 그대로 완전한 은퇴 – 완퇴를 하는 것입니다. 한평생을 일만 하다 사라질 수는 없습니다. 인생의 3분의 2쯤 일했으면 나머지 3분의 1은 즐기며 놀며 멋지게 사는 게 맞습니다. 문제는 현실이 그렇지 못하다는 데 있죠.

그럼 어떻게 한다? 젊은 날에 강제퇴직의 위험을 겪었고 그 후 여러 번의 퇴직을 경험하며 '직업이동'을 했던 사람으로서, 또한 퇴직예정자들에게 강의를 하면서 느꼈던 바를 모아 '퇴직에 임하는 자세'를 7계명으로 만들어봤습니다. 도움이 되기를 바랍니다.

퇴직자 7계명

1. 일단 받아들일 것

어차피 올 것이 왔습니다. 설령 명예롭지 못한 희망퇴직이라 할지라도 분노할 것도 회사를 원망할 것도 없습니다. 우선 마음부터 다스려야 합니다. 현실로 받아들이세요. 예전의 상황에 연연하지 마세요. '희망퇴직'이니 '명예퇴직'이니 하는 말장난에

놀아나지도 마세요. 어쨌든 회사를 떠나는 겁니다. 이제 새로운 삶을 시작해야 합니다. 중요한 것은 새 삶에서 성공하는 것입니다. 보란 듯이 성공해야 합니다. 그것이 핵심입니다.

2. 당당할 것

희망퇴직은 창피한 일이 아닙니다. 이제 100세 인생 중에서 한 단계가 그렇게 마무리된 것일 뿐입니다. 다른 사람은 아직도 직장에 남아있는데 나만? 그렇게 생각하지 마세요. 인생은 끝까지 가봐야 압니다. 어차피 떠나야 할 직장이었다면 조금은 일찍 떠나는 게 더 나을 수 있습니다. 당당해야 합니다. 웃으세요. 옷차림이나 외모도 더 잘 가꾸시기 바랍니다. 그래야 달아나던 복도 되돌아옵니다.

3. 조급하지 말 것

이제부터 뭘 하지? 당장 내일부터 무슨 일을 하지? 그런 조급증이 사람을 망칩니다. 조급하다 보면 상황을 오판합니다. 못된 사람의 유혹에 넘어가기 쉽습니다. 우선 숨을 돌리세요. 아무 일자리나 잡으려 하지 마세요. 여유 자금이 있다면 1~2년쯤 쉬어도 좋습니다. 앞으로 남은 인생을 생각한다면 충분한 준비기간이 필요하기 때문입니다.

4. 뒤돌아보지 말 것

지금까지의 지위나 소득 등은 모두 잊으세요. 뒤돌아보지 마세요. 추억에 살지 마세요. 오직 앞으로 나갈 것만 생각하기 바랍니다. 2막인생은 완전히 새롭게 시작하는 세상입니다. 직장생활의 그 지긋지긋한 경쟁도 이제는 없습니다. 당신이 가장 하고 싶던 것, 이루고 싶던 꿈, 가장 잘 할 수 있는 것에 충실하면 됩니다. 그것을 통해 당신의 가치를 실현하는 자기 세상을 만드는 게 정답입니다.

5. 가족의 마음부터 살 것

가장 중요한 것은 가족의 이해와 협력입니다. 특히 배우자의 그것은 필수입니다. 세상이 두 쪽 나도 배우자가 이해하고 협력하면 아무런 문제가 아닙니다. 백수로 살아도 행복할 수 있습니다. 퇴직을 앞당기고 집을 팔아치운 후 세계 일주를 떠난 사람도 결국은 배우자의 전폭적인 지지와 합의가 있기에 가능한 것이며, 농촌으로 이주하여 농사짓기로 작정한 사람도 배우자와 의기투합했기에 가능한 것입니다.

배우자의 마음을 사고, 전폭적인 지지를 얻으려면 어떻게 해야 할까요? 당신의 상황과 심경을 솔직히 말하고 대화를 통해 접점을 찾아야 합니다. 2막인생의 질은 배우자가 결정합니다.

6. 소박한 삶을 즐길 것

"왕년에 내가…" 그따위 생각은 부질없습니다. 오히려 사람을 위축시키고 초라하게 합니다. 고관대작을 했으면 뭘 합니까? 오히려 그것이 걸림돌이 되는 경우가 많습니다. 다 잊으세요. 이제 출발선에서 다시 뛰기 시작한 겁니다. 더 좋은 직장을 잡을 확률이 높지 않다면 차라리 소박한 삶을 즐기시기 바랍니다. 소박하기에 행복하고 멋진 삶도 많습니다.

7. 인생의 의미를 찾을 것

돈이나 성공이 인생의 모든 것은 아닙니다. 성공이란 무엇인가요? 당신의 가치는 무엇입니까? 2막인생이란 1막인생과 달라야 합니다. 이제 인생을 관조할 줄도 알아야 하고, 성공의 의미도 남달리 정의할 수 있어야 합니다. 어떻게 사는 것이 제대로 잘 사는 것인지 재정립해야 합니다. 이제 남은 인생에서 무엇을 이루며 어디로 갈 것인지 '철학자'가 될 필요도 있습니다.

어떻습니까? 희망퇴직 또는 명예퇴직으로 불안해하는 사람들에게 더 불안함을 주었는지 모르겠습니다. 그러나 내 딴에는 진정한 염려와 격려를 드리고 싶었습니다. 서너 차례, 스스로 사표를 던지며 새로운 삶을 개척했던 나의 경험, 시행착오와 실패, 그때마다 노심초사했던 당시의 심정을 되살리면서 말입니다.

갈팡질팡하다 보면 아무것도 안됩니다. 그러면 시간이 흐를수록 조급해지고 나중에는 가족들까지도 불안해져 가정불화로 이어집니다. 그렇게 되면 모든 게 허사입니다. 후회와 원망을 할 시간이 있다면 2막인생의 구체적 계획을 짜야 합니다. 무엇을 할 것인지, 직장을 잡을 것인지, 창업을 할 것인지, 또는 그냥 놀고먹을 것인지 등등 말입니다. 가야 할 길이 분명해졌다면 좌면우고하지 말고 그 길을 내달리면 됩니다. 힘내세요. 일체유심조 – 모든 것은 마음먹기에 달렸습니다. 내일은 또다시 밝은 해가 뜹니다. 세상은 넓고 할 일은 많습니다.

퇴직 후 2막인생이 1막인생보다 더 좋은 20가지

○ **자유롭다**

  1) 자고 싶을 때 자고 일어나고 싶을 때 일어난다.

  2) 행동의 자유 – 자유인 – 스케줄로부터의 자유

  3) 살고 싶은 곳에 살 수 있다.

  4) 내가 원하는 스타일로 살 수 있다.

○ **스트레스가 적다**

  5) 출퇴근 스트레스를 안 받아도 된다.

  6) 승진, 인사이동에 대한 스트레스가 없다.

  7) 근무시간에 대한 스트레스가 없다.

  8) 상사나 부하로부터의 스트레스가 없다.

○ **하고 싶은 일을 할 수 있다**

  9) 꿈꾸던 일에 도전할 수 있다.

  10) 하기 싫은 일은 안 해도 된다.

  11) 인생을 즐길 수 있다.

  12) 건강관리에 올인할 수 있다.

○ **인간관계로부터 해방된다**

  13) 회식, 술로부터 해방된다.

  14) 누군가에게 잘 보이기 위해 애쓸 필요가 없다.

  15) 자식의 짐으로부터 해방된다.

  16) 보기 싫은 사람은 안 봐도 된다.

○ **행복도가 높아진다**

　17) 욕심, 욕망이 단순해진다.

　18) 소소한 행복으로 충분하다.

　19) 삶이 평온해진다.

　20) 걱정이 단순해진다.

당신은 어떻습니까? 이렇게 많은 장점을 느끼고 있습니까?
자유롭게 인생을 즐기고 있습니까? 아직도 욕심을 버리지 못하
고 스트레스를 받습니까?

10.

이대로 가면
어찌 될까?

　노후대책이란 결국 훗날의 대책이 아니라 오늘의 대책입니다. 은퇴전략이란 오늘의 전략입니다. 오늘 어떻게 하느냐에 따라 은퇴 이후, 노후가 달라지기 때문입니다. 노후란 어느날 갑자기 찾아오는 게 아닙니다. 수많은 '오늘'의 연장선상에 있는 것이죠. 다만 오늘의 대책, 오늘의 전략을 세울 때 먼 미래를 상정한다는 면에서 단순한 오늘의 전략, 오늘의 대책과 다릅니다.

　미래를 상정한다는 것, 어떤 미래, 어떤 노후가 올 것인지를 예측할 수 있어야 오늘 무엇을 어떻게 해야 할지 대책이 설 것입니다. 그래서 나는 항상 멘탈리허설mental rehearsal을 권합니다. 멘탈리허설이란 멘탈(정신, 머리)로 리허설을 해보는 것입니다. 리허설이라면 얼른 떠오르는 것이 '연극'과 '예행연습'입니다. 그렇습니다. "인생은 연극"이라는 말과 연결해보면 멘탈리허설이 무엇인지 알 수 있습니다. 인생이라는 연극을 하는 우리로서 미래의 무대에 어떤 상황이 벌어질지를 생생하게 상상하며 머릿속으로 예행연습을 해보는 것이 멘탈리허설입니다.

나의 미래는 어떨까?

멘탈리허설을 통해 미래를 예측하려면 당연히 지금의 상태를 알아야 합니다. 그러기에 멘탈리허설은 단순히 미래를 상상하는 것을 넘어 현재의 상태를 냉정히 짚어보며 나의 내면의 소리를 함께 듣는 것입니다.

《성공하는 사람들의 7가지 습관》으로 우리에게 잘 알려진 스티븐 코비는 10년 만에 낸 후속작 《성공하는 사람들의 8번째 습관》에서 '내면의 소리를 찾고, 내면의 소리에 귀 기울이라'고 강조했습니다. 열정을 갖고 자신이 세상에 필요한 존재임을 느끼며 내면의 소리에 따라 일을 해야 진정으로 성공한 사람이 된다는 것입니다. 그것이 곧 진정으로 성공한 미래, 즉 성공한 노후가 되는 것 아니겠습니까?

내면의 소리란 겉으로 드러나는 것이 아닌, 진정한 자기 자신으로부터 나오는 진실된 마음이요 외침입니다. 진아(진정한 자아)의 소리, 진정한 자기의 소리, 마음 깊은 곳에서의 울림, 진정한 소망과 욕구, 양심의 소리입니다. 사람들은 누구나 자신의 마음 깊은 곳으로부터 스스로에게 들려오는 소리가 있게 마련입니다.

내면의 소리를 찾는 것은

'나는 누구인가?'

'나는 어떤 존재, 어떤 종류의 사람인가?'

'나는 어떻게 살아야 하는가?'

'나는 인생을 낭비하고 있지 않은가?'

'나는 인생에 어떤 목표를 갖고 있는가?'

'나는 무엇을 잘할 수 있고 무엇을 하고 싶은가?'

'진정 내가 살고 싶은 삶은 무엇인가?'

'내가 진정으로 하고 싶은 일, 간절히 되고 싶은 모습은 무엇인가?'

'진실한 삶이란 어떤 것일까? 나는 과연 그렇게 살고 있는가?'

'나의 노후는 어떤 모습일까? 이대로 가면 어떻게 될까?'에 스스로 답하는 것입니다. 그 답을 통하여 자신의 정체성을 확립하게 되고 흔들림 없이 노후의 목표를 향해 인생의 진로를 다듬게 되는 것입니다.

'30년 후에 나는 어떤 모습으로 살고 있을까?' '노후에는 어떤 모습일까?', 아니 너무 멀리 보는 것도 좋지 않습니다. 당장 '5년 후에는 어떤 상황일까?'를 생생히 그려보며 그날에 대비하는 것이야말로 멘탈리허설의 궁극적인 목표요 효용입니다. 오늘 하루, '지금'에 충실한 삶도 중요하지만, 더 먼 앞날을 내다보며 사는 것이야말로 '지금'에 충실해야 할 이유가 됩니다.

자, 멘탈리허설을 해봤습니까? 당신의 노후가 어떻게 전개될 것 같습니까? 당신의 은퇴는 어떤 모습으로 다가올까요? 그것을 구체적으로 정확히 상상할 수 있을수록 구체적이고 정확한 대책을 세우게 됩니다. 당신의 멘탈리허설을 기대합니다.

"'지금'만 생각하고 살면 만사가 편하다. 하지만 20년, 30년 후를 생각하며 살면 미래 역시 편안해진다. 20년 후의 자신의 모습을 예측해 '지금' 해야 할 일을 결정하자."

– 야마모토 노리아키,
《인생을 바꾸는 아침 1시간 노트》(서수지 역, 책비, 2012)에서

11.

인생에 한 번은
승부를 걸자

나는 지금까지 여러 가지 신조어를 만들었습니다. 그중에는 특허청에 상표등록까지 된 것도 여럿 있습니다. 그중에서도 대표적인 것을 꼽으라면 '멀티어십'일 것입니다. 이 용어는 미국에까지 소개됐으니까요. 책을 쓰다 보면 나름대로 새로운 개념을 만들게 되는 수가 많습니다. 그럴 때 나의 영역을 확보하기 위해 울타리를 치는 것이 상표등록 또는 저작권등록입니다.

각설하고, 그러한 신조어 중의 하나가 '고통총량균등의 법칙'입니다. 인터넷을 뒤져보면 이 용어가 등장하고 심지어 어떤 이의 책에도 이것이 사용됐습니다. 그러나 누가 뭐래도 이 용어의 시조(?)는 바로 나라고 믿습니다(만약 나 이전에 먼저 쓴 사람이 있다면 당연히 이 주장을 철회한다).

고통의 총량은 균등하다

25년 전, 처음에는 우스갯소리 삼아 만든 건데 세월이 지날수록 말이 된다는 생각입니다. '고통총량균등의 법칙'이란 사람들이 평생 겪어야 할 고통의 총량은 결국 같다(균등하다)는 말입니다. 그러기에 어차피 겪어야 할 고통의 맛이라면 초년에 일찍 경험하는 게 좋다는 주장입니다. 그런 의미에서 "젊어서 고생은 사서라도 한다"는 우리네 조상님들의 말씀은 확실히 탁견입니다.

나는 특히 대학생이나 신입사원들에게 이 말을 강조합니다. 젊어서 '좋은 고생'을 하면 훗날에 그만큼 고생을 덜해도 된다고 말입니다. 예를 들어 학창시절에 공부를 덜한 사람은 나중에 그만큼 고생을 더 해야 하며, 직장생활 초년에 열심히 일하지 않으면 승진도 늦고 인정을 받지 못해 결국 두고두고 고생을 할 수밖에 없다는 말입니다.

노후문제도 마찬가지입니다. 쉽게 해서 멋진 노후가 올 수 있을까요? 고생하지 않고 이직경쟁력을 갖출 수 있을까요? 편하게 직장생활을 하면서 노후대책, 은퇴경쟁력을 갖출 수 있을까요?

가끔은 '금수저'가 있습니다. 기막힌 행운을 잡거나 부모 덕에, 또는 자식을 잘 둔 덕분에 풍요한 노후를 보내는 사람도 있을 수 있습니다. 그러나 그것은 경제적 여건, 즉 돈만을 풍요의 모든 것으로 여기는 단견입니다. 정말로 멋진 노후, 풍요한 노후가 되려면 삶 전체가 품격 있고 가치 있는 풍요여야 합니다. 그런 은퇴, 그런 노후가 되려면 반드시 그만한 노력이 있어야 하는데 그것을 이른 나이에, 젊었을 때 해야 한다는 말입니다. 그것에도 바로 고통총량균등의 법칙이 적용됩니다.

그런 의미에서 직장생활을 할 때에, 즉 현직에 있을 때에 한 번은 인생에 승부를 걸어야 합니다. 그냥 밋밋한 직장생활로 멋진 노후는 오지 않습니다. 직장생활을 할 때에 피눈물 나는 노력을 함으로써 고통을 미리 당겨서 경험하라는 말입니다. 승부수를 던져야 합니다. 그래야 고통총량균등의 법칙에 따라 편안한 노후가 보장될 것입니다. 멋진 자기세상을 만들 수 있습니다.

당신은 지금까지 살아오면서 몇 번의 승부수를 던져봤습니까? 한번 돌아보시기 바랍니다. 여러분 중에는 아직까지 승부수다운 결단을 해본 적이 없는 사람도 있을 것입니다. 내가 즐겨 쓰는 말 중에 "이대로 가면 이대로 간다"는 것이 있습니다. 만약에, 이대로 갈 경우에 별로 희망이 없다고 판단된다면 승부수를 던져야 합니다. 일생일대의 승부를 걸어 판을 흔들어 봐야 합니다.

멋진 노후는 그냥 오지 않는다

돌아보면 나는 직장생활을 하면서, 그리고 퇴직한 후에도 몇 번의 승부수를 던졌습니다. 그중에는 성공한 것도 있고 실패한 것도 있습니다. 어쩌면 실패한 것이 더 많을지도 모릅니다. 그러나 성공했든 실패했든 그것들이 나의 삶의 궤도를 바꿔놓은 것만은 분명합니다. 오늘의 내가 있고 특유의 자기세상을 만든 데는 그 승부수의 역할이 컸음은 물론입니다.

그중에서도 가장 먼저 던졌던 승부수는 서른 살의 나이에 강원도 춘천에 있는 농협에서 직장 생활을 하며 책을 쓰기로 결단한 것입니다. 퇴직이나 은퇴를 생각하고 책쓰기에 도전한 것은 아닙니다. 그 시절만 해도 퇴직이니 은퇴니 하는 것이 이슈가 되지 못했습니다. 평균수명이 짧았던 때이기에 퇴직하면 조금 쉬다가 세상을 떠나는 것이 인생살이의 코스였으니까요.

다행히도 나는 젊은 날에 이대로 가면 별로 희망이 없다는 판단을 했습니다. 그대로 살기에는 불안하다는 생각을 했습니다. 그러나 책을 쓰는 일이 나와 어울리는 것은 아니었습니다. 평소에 글을 써본 적도 없고 대학의 전공이 농학인 사람이 책을 써? 당시로서는 전혀 엉뚱한 결단이었기에 승부수입니다.

요즘은 많은 직장인들이 책을 씁니다. 그러나 그때만 해도 전업 작가가 아닌 직장인이 책을 쓴다는 것은 의외의 것이었습니다. 더더구나 지방에서 말입니다. 책을 쓰겠다는 나의 결단을 이야기했을 때 친구는 "꿈 깨!"라고 했고, 아내조차 건강을 염려하며 말릴 정도였습니다(사실은 누구보다도 나의 능력을 잘 알고 있기에 속으로 '당신이 무슨 책을?' 그렇게 생각했을 것이다).

그러나 나는 했습니다. 지독하게 도전하여 세상에 선을 보인 책이 《손님 잘 좀 모십시다》입니다. 본격적으로 자료를 수집한 때부터 계산하면 3년 만의 일이요, 집필을 시작한지 8개월만의 탈고였습니다(그 책은 지금 구할 수 없다. 표지와 내용의 삽화까지 내가 직접 그렸는데, 그를 위해 만화 그리는 연습까지 했다).

그 과정이 얼마나 힘들었으면 탈고한 날 완성된 원고 뭉치에 얼굴을 파묻고 눈물을 흘렸습니다. 그리고 그로부터 3개월 뒤에 출판사에서 책이 도착했을 때는 책을 부둥켜안고 아내와 함께 또 울었습니다.

우리나라의 친절 서비스 분야에 한 획을 분명히 그은 책《손님 잘 좀 모십시다》(나중에 개정판에서는 《서비스에 승부를 걸어라》로 제목이 바뀌었다)는 그렇게 탄생했습니다. 그런데 그것이 나의 인생행로를 바꿨습니다. 책을 쓸 때는 그런 생각을 하지 못했습니다. 아내가 "책을 쓰면 어떻게 되는 건데요?"라고 물었을 때 대답을 못 했습니다. 단지, 이대로 가면 희망이 별로 없다는 생각에서 뭔가 해보고 싶었습니다. 일단 판을 흔든 겁니다.

그런데 책이 나오면서 이상한 상황이 전개됐습니다. 가장 먼저 연락이 온 것은 서울에 있는 신세계백화점이었던 것으로 기억합니다. 촌놈(?)이 서울의 번쩍이는 백화점에서 강의를 하게 되다뇨. 서울의 백화점에 물건을 사러 가는 것조차 주눅이 들던 사람이었는데 말입니다.

그리고 내가 책을 쓴 것을 알게 된 농협중앙회의 회장님은 나로 하여금 중앙본부에서 전 직원을 대상으로 50분간 강의를 하게 했습니다. 그리고 강의를 끝냈을 때 회장님이 말했습니다.

"아니, 지방에서 그걸 어떻게 연구했지? 당신이야말로 서울에 와서 일해야겠구먼."

나는 그렇게 서울로 올라왔습니다. 모르긴 해도 회장을 비롯한 전체 직원들 앞에서 강의를 하고 그것으로 심사를 받아 서울로 올라온 사람은 내가 처음이요 그 뒤로도 없을 것이라 생각합니다.

나의 자기계발의 역사는 그렇게 시작됐습니다. 그 후 60여 권에 이르는 책을 쓰게 된 여정, 퇴직 이후 전국을 대상으로 강의를 하게 된 '자기세상'의 구축은 그렇게 첫발을 뗀 것입니다. 그러기에 젊은 날의 그 결단은 분명히 승부수였습니다. 그 승부수가 없었다면 오늘의 나는 존재하지 않는다고 확신합니다. 판을 흔들었더니 세상이 흔들렸습니다. 고생을 사서 했더니 세상이 반응해주었습니다. 그리고 그 반응은 이직경쟁력을 높여주었고 은퇴경쟁력을 강화시키는 것으로 나타났습니다.

묻겠습니다. 이직경쟁력을 갖추고 싶습니까? 은퇴경쟁력을 키우고 싶습니까? 남보다 나은 노후를 원합니까? 그것을 위해 준비된 게 있습니까? 이대로 가면 별 희망이 없을 것 같습니까? 그렇다면 고통총량 균등의 법칙을 믿어보세요. 고생을 사서 하세요. 판을 흔들어보세요. 일생일대의 승부수를 던지세요.

너무 힘들지 않냐고요? 당연히 힘듭니다. 그러나 힘들수록 오히려 그 열매는 달고 답니다. 경험자로서 분명히 말하는 데 그 힘듦은 단순한 고통이 아닙니다. 때로는 그냥 쉬며 노는 것보다 훨씬 흥미진진하고 보람찹니다. 즐거운 고통이요, 환희의 고통입니다. 멋진 노후는 그냥 오지 않습니다.

12.

드림리스트로
미래설계하기

"육십 세에 저세상에서 날 데리러 오거든
아직은 젊어서 못 간다고 전해라.
칠십 세에 저세상에서 날 데리러 오거든
할일이 아직 남아 못 간다고 전해라."

2015년 말부터 우리나라를 휩몰아쳤던 이애란 씨의 히트
곡 '백세인생'의 가사 중 일부입니다. 민요조의 구성진 가락
에 그녀 특유의 창법이 사람들로 하여금 쉽게 흥얼거리게 합
니다. 확실히 중독성이 있는 노래입니다. 흥미로운 것은 육십
세 이후의 어른들뿐 아니라 어린아이들까지 즐겨 불렀다는
점입니다.

가사를 곰곰이 음미하면서 불러보면 묘한 노래입니다. 저승
사자와의 대화가 노랫말로 된 것은 그렇다 치고, 육십 세가 넘
었지만 아직 젊고 할 일이 있어서 저 세상에 못 가겠다는 긍정
의 내용인데 이걸 계속 읊조리다 보면 오히려 늙음과 죽음이

눈에 어른거리게 됩니다(나만 그런가?)

당찬 노후를 꿈꿔라

요즘 우리의 의식 속에는 고령화·노령화라는 단어가 깊숙이 입력되어 있는 것 같습니다. 세상이 그렇게 돌아가기 때문입니다. TV의 광고를 보더라도 '노후' '은퇴'라는 말이 수시로 등장하고 암보험과 상조에 관한 광고가 쉴 새 없이 나옵니다. 그것을 계속 보고 있으면 몸 한구석에 암세포가 꿈틀거리는 것 같은 불길한 느낌이 들고, 죽으면 자식들에게 몇 푼 남겨 줄 게 있는지 계산하게 됩니다. 그럼으로써 자연스레 '좀스런 사람'이 되고 이미 생각은 인생의 막바지를 거닐고 있는 스스로를 발견하는 것입니다.

이것이 과연 바람직한 현상입니까? 이래도 되는 겁니까? 물론 유비무환은 좋은 것입니다. 인생의 먼 후일을 젊은 날에 미리미리 준비하는 것이야 누가 뭐라겠습니까. 은퇴 이후와 죽음에 대비하는 것은 지혜로운 것이죠. 그러나 아무리 그렇더라도 삶 자체가 훗날로 미리 가서 머뭇거린다면 이건 확실히 문제가 됩니다. 창창한 청춘들이 노후와 죽음만을 생각하고 이미 중늙은이가 되어있다면 과연 무슨 꿈과 도전이 있겠는가 말입니다.

얼마 전, 뉴스를 보니 초등학생(4~6학년)들이 장래에 선호하는 직업의 1순위가 연예인이나 셰프, 또는 유튜버라고 합니다. 1970~80년대 국민학생들의 꿈 1순위가 대통령이었다는 사실과 견주면 호연지기란 이미 옛말이 되었습니다. 젊은 청춘들도 오십보백보입니다. 취업희망 1순위에 공무원과 교사 등을 꼽아 안정을 가장 우선시 하는 '새가슴'임이 그대로 드러나고 있지 않던가요.

연예인이나 셰프, 공무원과 교사가 꿈으로써 작다는 게 아니요 대통령이 꼭 호연지기의 상징인 것도 아닙니다. 아무리 그렇더라도 젊은 날에는 대의를 생각하며 보다 더 큰 꿈과 목표에 도전하려는 기상이 있어야 하는 것 아닐까요? 더구나 백세인생이요 60부터 청춘이라면 더욱 더 그렇습니다.

영화 〈잡스〉에서 스티브 잡스가 말했습니다. "삶이란 그저 순응하고 받아들이는 게 아니라 변화시키고 발전시키고 당신의 자취를 남기는 거죠. 그것만 깨달으면 삶이 완전히 달라져요."

고령화시대, 백세인생을 논하며 그것을 받아들이고 순응하는 것 못지않게 어떻게 자신의 발자취를 남길 것인지 생각해봐야 할 것 같습니다. 근근한 노후를 계획하는 게 아니라 당찬 노후를 꿈꿀 수 있어야 합니다. 그러려면 젊은 날부터 패기 있게 도전해야 합니다. 그리하여 이런 노래도 히트치는 일이 벌어졌으면 좋겠습니다.

'삼십 세에 이 세상에서 뭘 하겠냐고 묻거든

세상을 바꾸는 일에 도전하겠다고 전해라.'

드림리스트로 바꾸자

삼십 세만 도전하는 것은 아닙니다. 육십 세가 젊기에 저세상으로 못 가고, 칠십 세에 할 일이 아직 남아 저세상으로 못 간다면 무엇으로 젊음을 증명할 것이며 할 일은 또 무엇인가요? 그것을 증명하기 위해 기록해야 할 것이 드림리스트입니다.

15년 전, 미국 영화 〈버킷리스트〉가 상영된 이후, 고령화 추세와 맞물리면서 멀쩡한 젊은 직장인들 사이에도 자주 입에 오르내리는 것이 '버킷리스트'입니다. 잘 알려진 대로, 그것은 죽기 전에 꼭 해야 할 일이나 하고 싶은 목록을 말합니다. 그러나 '버킷리스트'의 해석을 들으면 기분이 섬뜩해집니다. 잘 아는바와 같이, 그것은 자살을 위해 목에 밧줄을 감은 채로 디디고 있던 양동이bucket를 걷어차 버리는 상황, 즉 죽음에 직면하여 죽기 전에 꼭 해보고 싶은 일의 리스트list이기 때문입니다.

따라서 버킷리스트는 세상을 하직하기 위한 준비나 마무리의 리스트이기에 희망과 도전의 목록은 아니라 할 수 있습니다. 물론 '죽음'이라는 절박한 상황을 깔고 있기에 그만큼 절박하게 실천하는 강점은 있지만 말입니다.

그래서 이왕이면 더 희망적인 상황을 목표로 삼기 위해 '드림리스트Dream List'로 이름을 바꾸는 게 좋을 성싶습니다. 죽기 전에 해야 할 일이 아니라, 살아생전에 더 멋진 인생을 만들기 위해서 말입니다.

세상이 변화무쌍하고 흉흉하고 어려울수록 열정으로 새로운 세상을 개척하려는 희망과 도전의 목록이 필요합니다. 퇴직을 하고 은퇴를 하더라도 나름의 꿈을 이룰 드림리스트는 필요합니다. 그것을 만드는 것 자체가 의지의 표현입니다. 그것을 만들어 놓고 다부지게 도전해야 합니다.

꿈을 기록하는 것의 기적

드림리스트를 말할 때 자주 등장하는 인물이 존 고다드John Goddard입니다. 미국의 인류학자요 탐험가, 작가로서 구글에서 그의 웹사이트 주소(http://www.johngoddard.info/)를 찾아가면 가발을 쓴 것 같은 그의 얼굴을 볼 수 있습니다(가발이 아니라면 죄송!). 그리고 그에 관한 무수한 발자취가 상세히 나옵니다. 그는 어린 시절에 무려 127개에 달하는 인생의 목표를 정하여 기록해두고 그것을 실행한 사람입니다. 이름하여 '존 고다드의 꿈 목록John Goddard's Life List'. 1972년 그의 경험담이 〈라이프〉지에 '한 남자의 후회 없는 삶'이라는 스토리로 대서특필됨으로써 세상에 알려졌습니다. 그 기사로 인해 〈라이프〉지는 사상최고로 많은 판매부수를 기록했다고 합니다.

그때 그의 나이는 47살이었고 127개의 목표 가운데 103개를 달성한 상태였습니다. 그 결과로 그는 인기 있는 연사가 되었고 자신의 모험담을 말하면서 세계여행을 할 수 있었습니다. 웹사이트(http://www.johngoddard.info/life_list.htm)를 보면 127개의 목표 중에 실제로 성취한 목록이 나오는데 꼭 110개를 이룬 것으로 나타납니다(그럼에도 우리나라에서 나온 수많은 책들과 자료는 그가 127개 모두를 이뤘다고 한다. 심지어 1980년에 달에 갔다는 황당한 이야기까지 소개된다. 나도 그걸 믿고 그대로 인용한 적이 있다. 사과드린다). 127개 중 110개를 달성한 것만도 사실은 대단한 것입니다. 그야말로 꿈 같은 이야기가 아닐 수 없습니다. 그의 127번째 마지막 꿈은 '21세기를 맞이할 때까지 어떻게 해서든 살아있기'였습니다(그는 21세기를 맞고도 한참 후인 2013년, 89세에 세상을 떠났다).

그의 꿈은 다양합니다. 1분에 50자 타자하기, 몸무게 80kg 유지하기, 윗몸 일으키기 200회와 턱걸이 20회 유지하기, 1마일을 5분에 주파하기, 셰익스피어 전집 읽기와 브리태니커 백과사전 읽기 등 평범하고 간단한 것도 있고, 인디언 문화 배우기, 뉴기니섬 등 원시문명 답사하기, 비행기 조종하기와 달에 가기 같은 엉뚱해 보이는 것도 있습니다. 그런가 하면 이집트의 나일강과 남미의 아마존강 탐험하기, 킬리만자로와 에베레스트산 등 세계의 주요 고산 등반하기 같은 어마어마한 목표도 있고요(에베레스트 산은 정복하지 못했다).

그는 '꿈의 목록'에 담았던 것 중 거의 대부분을 이루었습니다. 비록 달나라에는 가지 못했지만(솔직히, 달에 가는 건 의지의 문제가 아니다. 꿈이 잘못됐다 할 것이다), 자기만의 독특한 세상을 확실히 창조해낸 것만은 분명합니다.

꿈을 이루는 것과 지키는 것

미국 유명 대형교회megachurch의 원조격인 캘리포니아주 수정교회Crystal Cathedral는 세계적으로 유명합니다. 그런데 그 교회의 창립자이자 세계적인 TV 설교가인 로버트 H. 슐러 목사는 처음부터 유리로 뒤덮은 화려한 교회 건물을 지었던 것이 아닙니다.

그는 1955년 오르간 연주자인 부인과 함께 로스앤젤레스 남동부에 있는 자동차 극장 매점 지붕에서 전도를 시작했습니다.

그리고 1968년 봄, 슐러 목사는 유리로 만든 큰 교회를 짓겠다는 뜻을 세웁니다. 건축에 소요되는 비용이 700만 달러에 달할 정도로 꿈은 컸지만 그에게 그런 천문학적 예산이 있지는 않았습니다. 유명한 건축가에게 설계를 부탁했을 때 건축가가 예산을 묻자 이렇게 대답합니다.

"지금은 돈이 없습니다. 그러니 100만 달러든 500만 달러든 나에게는 별로 다를 것이 없군요. 중요한 것은 내가 크리스털 교회를 짓겠다는 꿈을 가졌다는 사실입니다. 내가 중학교에 다닐 때 한 선생님께서 말씀하셨습니다. '너에게 꿈이 있고, 그것을 위해 노력하기만 한다면 꿈은 반드시 이루어질 것이다.' 당신은 교회를 아름답게 지어 주기만 하면 됩니다. 내가 기부금을 충분히 모아 올 테니까요."

그날 저녁 슐러 목사는 종이 한 장을 꺼내어 '700만 달러'라고 적었습니다. 그리고 700만 달러를 모을 10가지 계획을 적어나갔습니다.

1. 700만 달러 기부 1회 받기

2. 100만 달러 기부 7회 받기

3. 50만 달러 기부 14회 받기

4. 25만 달러 기회 28회 받기

5. 10만 달러 기부 70회 받기

6. 7만 달러 기부 100회 받기

7. 5만 달러 기부 140회 받기

8. 2만 5천달러 기부 280회 받기

9. 1만 달러 기부 700회 받기

10. 700달러짜리 창문 1000개 팔기

60일 후 슐러 목사는 신비로우면서 아름다운 크리스털 교회의 모형만으로 재벌 존 커린을 감동시켜 100만 달러를 기부 받게 됩니다. 65일째 슐러 목사의 강연을 들은 농민 부부가 1000달러를 기부했습니다. 90일이 되었을 때 슐러 목사의 뜻에 감동받은 한 신사가 자신의 생일 기념으로 슐러 박사에게 100만 달러짜리 수표를 기부했습니다. 8개월 후, 한 기부자가 슐러 박사에게 말했습니다.

"당신의 믿음과 노력으로 600만 달러를 모을 수 있다면 나머지 100만 달러는 내가 드리겠소."

다음 해 슐러 박사는 사람들에게 하나당 500달러의 가격으로 크리스털 교회의 창문을 구입할 것을 부탁했습니다. 그러자 매월 50달러씩 10개월에 나누어 지불하는 조건으로 6개월 동안 만여 개의 창문이 모두 팔렸습니다.

드디어 1980년 9월, 내부에 2,800명이 앉을 수 있는 일명 크리스털 교회가 완성됐습니다. 12년 만의 일입니다. 교회를 짓는 데 들어간 건축비용은 모두 2000만 달러였는데 그 비용은 모두 조금씩 기부 받은 돈으로 충당된 것입니다.

세계 건축사상 기적으로 남은 이 교회는 세계 각지에서 캘리포니아를 찾아온 사람들이 반드시 보고 싶어 하는 절경이 되었습니다(짱젠펑 지음, 《결정적인 말 한 마디》, 임국화 역, 이코노믹북스, 2010).

그 후 그는 약 180개의 나라에서 2천만 명이 TV를 통해 그의 설교를 들을 정도로 크게 부흥했으나 2006년 아들에게 담임 목사직을 물려준 이후 부자간·남매간 불화로 흔들리게 됩니다. 그로 인하여 시청자수가 급격히 감소함으로써 교세가 기울게 되고 기부도 줄면서 재정난이 악화되어 2010년 파산 신청을 하게 됩니다. 결국 수정교회 건물은 가톨릭교회 오렌지교구에 5,750만 달러(약 618억 원)에 팔렸으며(연합뉴스, 2015. 4. 3) 2013년부터는 식도암으로 투병하다가 2014년 2월에 부인이 먼저 세상을 떠나자 항암치료를 거부하였고, 결국 2015년 4월 88세를 일기로 세상을 떠났습니다.

우리는 여기서 여러 가지 교훈을 얻게 됩니다. 가정과 가족의 중요성을 새삼 깨달을 뿐 아니라, 꿈을 꾸고 그것을 이루는 것 못지않게 이룬 것을 지키는 것도 매우 힘들고 중요하다는 것 등을 말입니다.

드림리스트 작성 요령

1. 리스트를 작성하기 전에 자신이 지향하는 삶의 방향을 생각하며 떠올려 보세요. 내면의 소리를 들어보세요. 살아가는 목적을 떠올리면 의외로 하고 싶은 멋진 일들이 많이 떠오르기 마련입니다.

2. 드림리스트는 단 한 번에 완성하는 게 아닙니다. 그렇게 될 수도 없고요. 내면의 탐색을 통해 생각이 떠오를 때마다 하나씩 적어 나가는 겁니다. 어차피 하루아침에 이룰 수 있는 일이 아니니까요.

3. 이루어야 할 목표(드림)마다 기한을 정해두는 게 좋습니다. 그러나 그 목표를 이루기 위한 기한은 너무 촉박하지 않게, 그리고 너무 느슨하지 않게 설정하는 게 좋습니다. 모든 목표는 기한이 있어야 확실한 동기부여가 됩니다.

4. 꿈을 관리하면서 그 목표의 리스트를 작성한 날짜나 내용, 목표 기한, 이루어진 날 등을 구체적으로 기록해둡니다. 그럼으로써 자신의 삶에 대한 역사적 기록이 될 수 있습니다. 경우에 따라서는 훗날에 책을 쓰는 자료가 될 수도 있습니다.

5. 리스트가 늘어나면 항목별로 분류해 놓는 것도 요령입니다. 보기에도 편하고 자신의 꿈이 어디에 집중되어 있는지, 현재 어떤 목표에 집중하고 있는지 쉽게 확인할 수 있기 때문입니다.

6. 하나의 목표를 이루고 나면 그것을 이루는 과정에서 떠오르는 더 높은 꿈이 생길 수 있습니다. 또는 전혀 다른 꿈이 생각날 수도 있고요. 그럴 때는 리스트를 추가해나갑니다. 그만큼 꿈이 풍성해지는 것이요, 설령 이루지 못한다 하더라도 도전 그 자체만으로도 아름답고 가치 있는 삶이 될 수 있습니다.

7. 매일 리스트를 펼쳐보며 리마인드해 보는 것도 꿈을 이루는 하나의 요령입니다. 지금 내 꿈은 어디까지 왔는지 확인할 수도 있고, 느슨해지는 결심을 다시금 굳게 할 수도 있으며, 앞으로 해야 할 일에 대해 미리 계획을 세울 수도 있기 때문입니다.

8. 작성된 드림리스트 중 이뤄진 것은 하나씩 지워나갑니다. 반드시 흔적(기록)이 남게 해야 합니다. 그래야 생각의 변화, 성취감을 느끼며 스스로에게 동기가 부여됩니다.

가족의 드림리스트

2막인생을 준비하는 드림리스트를 작성해보면 젊은이의 리스트와는 차이가 나게 됩니다. 자연스럽게 '여행'과 '사랑', 그리고 '가족'에 대한 고려가 리스트에 반영되는 것입니다. 청춘의 화려하고 거창한 꿈보다는 여행을 통해 자유를 누리고 가족과 함께 오붓한 생활을 해보고 싶은 감정이 드러나기 때문입니다.

또한 2막인생은 가족, 특히 배우자의 각별한 배려와 협력 없이 성공하기 힘들므로 나만의 드림리스트와는 별개로 가족과 함께 이루고 싶은 꿈의 리스트를 작성해 실천하는 것도 의미가 큽니다. 그럼으로써 나의 성장은 물론 가족과 함께 이루는 행복한 2막인생이 가능해질 것입니다. 가족의 드림리스트를 만드는 요령은 이렇습니다.

1. 먼저 가족들과 대화를 나누세요. 가족들에게 어떤 꿈을 함께 이루고 싶은지 의견을 듣고 종합하여 리스트를 작성합니다. 그 과정을 것을 통해 가족들이 추구하는 목표가 무엇인지 서로의 소중한 꿈을 이해하는 뜻 깊은 리스트가 될 수 있습니다.

2. 드림리스트는 꼭 이뤄질 것 같은 것만 기록하는 게 아닙니다. 드림리스트 말 그대로 꿈을 적어보는 것이니까 이루어질 것 같지 않은 꿈이라도 '욕심'이 나는 것은 리스트에 올려봅니다. 온 가족의 세계 일주 여행이라든가, 또는 스위스에서 1년간 살아보기 등 가족들이 꿈꾸는 것들을 말입니다. 리스트를 만들며 함께 꿈꾸는 것만으로도 행복할 수 있으니까요. 때로는 정말로 그것이 현실이 될지도 모릅니다. 가족이 함께하

면 기대하지 않았던 놀라운 힘이 발휘될 수 있습니다.

3. 드림리스트는 한 번 작성하고 끝까지 가는 게 아닙니다. 1년 단위로 가족들이 함께 대화를 나누며 그동안 어떤 변화가 있었는지, 이룬 것은 무엇이고 상황변화에 따라 꿈으로 추가되는 것은 무엇인지를 가려 드림리스트를 수정합니다. 설령 생각대로 되지 않았다고 낙심할 것은 없습니다. 가족이 함께 꿈꾸고 함께 도전하는 것 자체를 즐겨야 합니다. 그것이 바로 행복이니까요.

나의 드림리스트

드림리스트 작성 요령에 따라 당신이 꼭 하고 싶은 리스트를 아래에 작성해보세요. 최소한 10가지 이상을 만들어보기를 권합니다.

우리 가족의 드림리스트

당신 가족들이 함께 이루고 싶은 꿈은 무엇입니까? 작성 요령에 따라 가족의 드림리스트를 아래에 작성해보세요. 최소한 10가지 이상을 만들어보기를 권합니다.

13

은퇴의 문에
들어서는 사람에게

명예퇴직을 하게 된 후배가 자신의 퇴임식에 와서 축사를 해달라고 했습니다. 사실 '축사'라고는 하지만 퇴임식의 분위기는 우울한 게 현실입니다. 어쩌면 축사가 아니라 '위로사'가 돼야 할지 모릅니다. 사회자는 억지로 분위기를 돋우려 애썼고 다른 참석자들도 축사라는 이름으로 마음에도 없는 '퇴직 찬미'를 하고 있었습니다. "퇴직을 축하한다"는 말이 공허하게 다가왔습니다. 어쩌면 그것은 앞으로 닥칠 퇴직 이후를 생각하는 무마용 언사일지 모릅니다.

축사든 격려사든 또는 인사말이든 그런 자리에서의 스피치란 대개 판에 박힌 것입니다. "축하한다." "그동안 고생 많았다." "이제 푹 쉬시라." "내조한 아내를 비롯하여 가족들에게 잘 해줘라." 등등.

그러나 나는 좀 더 의미 있는 말을 해주고 싶었습니다. 퇴직 당사자뿐만 아니라 그곳에 자리를 함께하고 있는 사람들에게

까지 마음에 담을 만한 이야기로 말입니다. 특히 그 자리를 벗어나면 스피치의 내용은 거의 기억에서 사라지고 스피치를 한 '사람'에 대한 인상만 남는다는 점에 유의하여 가급적 오랫동안 기억할 수 있도록 내용을 다듬었습니다. 그래서 생각해낸 것이 '1·2·3·4·5법'에 의한 5계명입니다.

축사에 대한 청중들의 반응은 꽤 좋았습니다. 매우 흥미 있어 했습니다. 그 스피치의 원고를 구할 수 없냐는 요구가 있었던 걸로 봐서 말입니다. 당시의 축사에서 5계명부분만 소개합니다. 퇴직을 앞두고 있다고 상상하면서 읽어보세요. 고개를 끄덕이게 하면 마음에 담아 실천하시기를 권합니다.

퇴직 5계명 – 명예퇴직 축사에서

1. 일자리는 없어도 일거리는 있을 것

퇴직 이후에도 일자리를 만들려고 애쓰는 사람이 많습니다. 그러나 그게 쉬운 일인가요? 솔직히 말해서, 여건만 된다면 퇴직 이후의 노후는 일하지 않고 즐기며 사는 것도 좋은 방법입니다. 인생 뭐 있나요? 그러기에 일찍부터 노후를 대비해야 합니다. 그러나 설령 경제적으로는 노후준비가 됐다 하더라도 '일거리'는 반드시 있어야 합니다. 일거리조차 없다면 죽음을 기다리는 것에 다름 아닙니다. 일자리는 소득을 염두에 둔 것인 반면에 일거리는 즐길거리를 비롯하여 자신이 보람과 행복을 느낄 수 있는 것이면 됩니다.

2. 이쁘게 행동할 것

나이 들수록 행동거지가 깔끔해야 합니다. 젊은이보다 매너를 더 지킬 수 있어야 합니다. 그만큼 세상을 더 살았으니까요. 처신이 너저분해서는 대접받지 못합니다. 나이 든 만큼 품격을 유지해야 합니다. 나설 때와 물러설 때를 알아야 합니다. 뿐만 아니라 배우자를 위해서도 상대를 아끼고 배려하는 '이쁜 짓'을 해야 합니다. 그래야 노후가 매력 있고 편안합니다.

3. 3명의 친구를 확보할 것

직장생활을 할 때는 모두가 친구 같지만 막상 퇴직을 하고 나면 갑자기 사람이 사라집니다. 노후의 고독은 매우 슬픕니다. 설령 친구가 있더라도 대화상대가 되고 삶을 함께 논할 좋은 친구가 없다면 고독해집니다. 알고 지낸다고 다 친구가 아닙니다. 아픔을 함께할 수 있고, 만나면 유익하고 재미가 있어야 합니다.

여기서 친구란 꼭 동년배를 의미하지는 않습니다. 후배도 좋고 생각이 유연한 선배도 친구가 될 수 있습니다. 때로는 이성의 친구도 괜찮습니다. 몇 명의 친구가 적절한지에 대하여는 사람마다 다릅니다. 다다익선이라는 사람도 있고 20명쯤은 있어야 한다는 사람도 있지만 내가 강조하는 것은 '3명 정도'입니다. 노후의 좋은 친구는 그 정도만 돼도 족합니다.

4. 사랑할 것

나는 나이 들면서 꼭 달라져야 할 것으로 '사랑'을 꼽습니다. 젊은 날에는 치열한 경쟁 때문에 때로는 악다구니 쓰고 상대를 깔아뭉개려고 했을지라도 이제 직장을 떠난 노후에는 인생을 관조하며 달관한 듯 사랑하고 또 사랑할 수 있어야 합니다. 자신을 사랑하고 일을 사랑하고 세상을 사랑하며 주위사람들을 사랑할 수 있어야 나이 든 멋을 아는 멋진 사람이 됩니다. 늙어서도 악다구니 쓰는 사람은 흉물입니다.

5. 오늘, 행복할 것

아리스토텔레스의 말을 빌리지 않더라도 인생의 궁극적인 목표는 행복입니다. 내일 행복하기 위해 오늘을 희생하지 마세요. 나이가 들면 내일을 기약할 수 없습니다. 그러므로 '오늘' 행복할 수 있도록 최선을 다해야 합니다. 그러기 위해 건강에 신경 쓰고, 세상을 선한 눈으로 보며, 많이 웃고, 모든 것을 긍정적으로 받아들이는 것이 필요합니다. 당신은 오늘 행복합니까?

14.

프로젝트
My Way

나는 지금까지 60권이 넘는 책을 썼습니다. 모두가 실용서, 소위 자기계발서입니다. 그것들 중에는 베스트셀러가 된 것도 있고 특별히 애착이 가는 것도 있지만, 그 모든 책의 결론처럼 쓴 것이 바로 《자기세상을 만들 용기》입니다. '자기세상 만들기'를 영어로 표현하면 PMW_{Project My Way, My World, My Work, My Worth}가 됩니다.

자기세상 만들기! 나는 이 말을 참 좋아합니다. 살아보니까, 소위 출셋길을 도모해보니까, 그리고 나이 들어보니까 결국은 각자 자기 나름의 세상(자기세상)을 만들어야 한다는 결론에 다다랐습니다. 어쩌면 그것이 삶의 종착점이요 세상살이의 결론일지도 모르겠습니다.

일본의 유명한 사진작가이며 여행가인 후지와라 신야가 말했습니다. "세상엔 위대한 삶도, 시시한 삶도 없다. 먼저 자기다움을 회복하라. 그러면 앞으로 살아가야 할 방향이 보인다"라고요(조선일보, 2015. 1. 20. 김윤덕의 新줌마병법에서). 멋진 말입니다.

그렇습니다. 우리는 각자 자기 나름의 삶을 만들기 위해 노력하면 됩니다. 나는 나다움을, 그리고 당신은 당신다움을 회복하면 됩니다. 각자 자기의 길을 가는 겁니다. 이것이 내가 주장하는 '자기세상 만들기' '프로젝트 My Way'입니다.

당신은 당신의 길을 가라

자기세상을 만드는 것은 부자냐 가난하냐와 관계가 없습니다. 지위가 높냐 낮냐도 관계가 없습니다. 소위 스펙이 어떠냐와도 관계가 없습니다. 자기세상은 거창한 것이 아니어도 좋습니다. 자기의 독자적인 가치를 실현하는 것이면 족합니다. 자기가 짓고 싶은 캐슬castle을 지으면 됩니다. 한 가지 조건을 붙인다면 그 독자적인 세상은 가치 파괴적이 아닌 가치 실현적이어야 합니다.

그렇다고 '자기세상'이 타인과 담을 쌓고 지내는 고립의 세상은 아닙니다. 어쩔 수 없는 현실 때문에 회사라는 큰 울타리에 갇혀 있을지언정 자기의 가치를 제대로 실현하는 독립된 여지가 자기세상입니다. 설령 직장에서는 변방에 머무르더라도 그곳에서는 자기가 중심이 되고 주체가 되는 자기만의 캐슬을 만들면 됩니다. 자기가 중심이 되고 주체가 된다는 것은 남들과 다른 독보적인 세상을 만들라는 것입니다. '독불장군'

이 아니라 '독보장군'이 되라는 것입니다. 그것이 바로 바람직한 자기세상의 구축입니다.

88서울올림픽 때, 200미터 자유형에서 세계신기록을 수립한 호주의 수영선수 던컨 암스트롱Duncan Armstrong. 그는 특이하게도 선수생활을 접은 후에 성공학과 자기계발론을 강연하는 인기강사로 변신에 성공했습니다. 그가 우리나라에 왔을 때, 우리네 젊은이를 향해 한마디 했습니다. 그가 보기에 딱했던 모양입니다.

"성공이라는 것은 사람마다 그 의미와 가치가 다르기 때문에, 남들이 우러러보고 인정해주는 것만이 성공이라는 생각을 버려야 한다. 자신이 가장 잘할 수 있는 것을 개발하여 만족한 삶을 살 수 있다면 그것이 바로 성공이다. 성공은 멀리 있는 것이 아니라 바로 자신 안에 있다."(조선일보, 2008. 5. 1, 던컨 암스트롱의 칼럼 중에서) 정확히 짚었습니다. 간단히 말해, 자기세상을 만들라는 것입니다.

언젠가, 서울대 재학생이라고 자신을 소개한 이가 9급 공무원 시험에 합격했다고 인터넷에 올린 것이 뉴스가 됐습니다. 그것도 지방직에 말입니다. 그 학생은 글을 통해 "(9급 공무원은) 퇴근 후와 주말에는 온전히 가정을 위해서 시간을 보낼 수 있다"며 "월급 150만 원으로 시작하는 게 까마득하지만 내가 중요하게 생각하는 건 '저녁이 있는 삶'이라고 했습니다.

그의 결정에 대하여 반응은 극명히 갈렸습니다. "소신 있는 결정"이라는 것에서부터 "서울대 학벌이 아깝다"는 것에 이르기까지 말입니다. 그러나 남들의 갑론을박은 말짱 헛일입니다. 중요한 것은 당사자의 결심이요 가치관입니다. 남들이 콩 놔라 팥 놔라 할 것이 못됩니다. 이것이 바로 내가 주장하는 '자기세상'입니다.

이것은 꼭 젊은이들에게만 해당되는 것은 아닙니다. 누구나 마찬가지입니다. 은퇴하여 노후를 맞는 사람 역시 자기세상을 만들면 됩니다. 저마다 소질이 다르고 기질이 다릅니다. 배짱의 크기도 다릅니다. 가치관이나 여건 또한 다릅니다. 꿈의 크기나 종류도 다릅니다. 아니, 꿈의 크기나 종류를 비교할 필요도 없습니다. 크든 작든, 어떤 것이든 자기 나름의 판단에 따른 것이라면 다 소중합니다. 그 사람들은 그 사람 방식의 결단을 하는 것이고 당신은 당신의 방식으로 결단하면 됩니다.

노점상 조 아데스의 경우

미국 뉴욕시 유니언 스퀘어Union Square의 길모퉁이에서 야채 껍질깎이(감자나 당근 등의 껍질을 벗길 때 쓰는 필러)를 파는 70대의 노점상 조 아데스Joe Ades/Joseph Ades. 일명 '감자 깎는 신사 Gentleman the Peeler'입니다.

1934년 영국 맨체스터에서 태어난 그는 15세 때부터 노점상으로 나서 세계 2차 대전 이후, 폐허 속에서 찾아낸 낡은 만화책을 파는 등 장사꾼의 소질을 보였습니다. 그는 2월에 철이 지난 크리스마스트리를 팔 정도로 말솜씨와 재치가 뛰어났는데 1980년대 미국으로 건너왔답니다.

　그런데 왜 노점상에게 '신사'라는 수식이 따라붙을까요? 비록 길거리에 좌판을 펴고 앉아서 1개에 5달러에 불과한 스위스산 필러를 팔기 위해 열심히 감자 깎는 시범을 보이는 그이지만 1,000달러가 넘는 고급 양복에 실크 넥타이를 매고 정중하고도 유머러스한 상술로 여느 노점상과는 다른 모습을 보이기 때문입니다.

　그뿐이 아닙니다. 미국의 MSNBC 방송이 "사람들은 아데스를 영화배우 숀 코너리Connery로 착각하기도 한다"고 할 만큼 눈에 띄는 외모에다 세계에서 가장 비싼 주택가의 하나인 뉴욕시 맨해튼 파크 애비뉴Park Avenue에 침실 3개짜리 아파트를 소유한 부자이기도 합니다.

　해가 지고 노점을 접으면 값비싼 미술작품이 가득 걸려있는 자신의 아파트에 돌아가면서 멋진 삶을 누린다네요. 그는 아내와 함께 맨해튼의 최고급 호텔인 피에르의 레스토랑이나 장 조르주 레스토랑에서 저녁을 먹으며 샴페인 뵈브 클리코를 마십니다. 매일 저녁 아내와 함께 드는 저녁 한 끼 식사값이 100달러를 훌쩍 넘긴다고 합니다.

그의 스토리는 2006년 8월에 고급 교양지 〈배너티 페어 Vanity Fair〉에 실렸고, 이후 여러 언론매체에 소개되었으며 그가 활기차고 재미있게 장사하는 모습이 유튜브에 오르는 등 뉴욕을 넘어 세계적인 유명인사가 됐습니다.

손님에게 허리를 최대한 굽혀서 "우선 등을 보여야 한다"는 상인으로서의 프로근성을 갖고, 하루에 벗겨낸 감자와 당근 껍질만 다섯 상자의 분량이 되도록 야채 깎이를 팔면서, "야채 껍질 깎는 스위스제~. 한 개에 5달러! 5개엔 20달러~! 오른손잡이도, 왼손잡이도, 비밀스런 정치인들도, 누구나 사용할 수 있는 감자필러! 5달러에 살 수 있는 스위스 물건은 없죠"라고 흥얼거리며 장사를 즐기는 그입니다.

그의 아파트와 호화스런 저녁 생활을 보고 놀라는 MSNBC 기자에게 그는 "60년 동안 손으로 모은 푼돈을 절대 무시하지 말라"며 한 수 가르쳤고, "하루 종일 앉아서 야채 껍질 깎는 일이 힘들지 않느냐?"는 질문에 "행복의 비밀은 좋아하는 일을 하는 게 아니라, 자신이 하는 일을 좋아하는 것"이라고 답했습니다. 이쯤 되면 단순한 상인이 아니라 삶의 의미를 깨우친 철학자 같은 내공을 느끼게 됩니다.

그는 2009년 2월, 75세의 나이로 세상을 떠났지만 마지막까지 같은 곳에서 필러를 팔았다고 합니다. 구글에 그의 이름을 영문으로 검색하면 여러 기사와 사진, 동영상이 즐비하게 나옵니다(https://www.youtube.com/watch?v=9OQmkRQGLJ0) 한마디로 멋집니다, 그의 '자기세상'이 말입니다.

어떻습니까? 직장인은 직장인대로, 전업주부는 전업주부대로, 또한 은퇴자는 은퇴자대로 자신의 길을 걸어야 합니다. 자기세상을 만들어야 합니다. 왜냐면 인생은 결국 당신 자신의 것이기 때문입니다.

"행복의 비밀은 좋아하는 일을 하는 게 아니라, 자신이 하는 일을 좋아하는 것"

– 조 아데스

자기세상 만들기 7계명

(1) 절대 비교하지 말 것
자기세상을 만드는 핵심은 절대 남과 비교하지 않는 것입니다. 독립적이 되는 것입니다.

(2) 삶과 인생을 관조할 것
자기세상을 만들려면 세상살이에 대한 나름의 깊고 넓고 높은 가치세계가 있어야 합니다. 삶과 인생을 관조할 수도 있어야 합니다. 내면의 자신과 마주하며 무엇이 가치요 진실인지 알아야 합니다.

(3) 자신의 가치실현에 집중할 것
자기세상은 말 그대로 자기의 세상입니다. 따라서 그것을 위해서는 나 자신이 돼야 합니다. 남의 주장에 휘둘려서는 안 됩니다. 어떻게 자신의 가치를 실현할 것인지에 집중해야 합니다.

(4) 용기를 발휘하여 결단할 것
자기의 길을 걷기로 하는 것은 대단한 용기와 결단이 필요합니다. 그것은 외로움을 스스로 감내할 수 있는 용기요, 낮아질 수 있는 용기이며, 소박한 삶을 살 수 있는 용기입니다. 그리고 때로는 자기세상의 가치를 실현하기 위해 다른 것을 포기하는 용기와 결단입니다.

(5) 한계와 가능성을 인정할 것

자기세상을 만든다는 것은 자기의 한계와 가능성을 인정하는 것입니다. 안 되는 것은 안 되는 겁니다. 무조건 "하면 된다"를 외치기보다 때로는 "되면 한다"는 발상의 전환도 필요합니다.

(6) 최선을 다할 것

자기세상을 만든다는 것은 스스로 초라한 길을 걷는 게 아닙니다. 패배를 자인하거나 스스로 궁색한 변명을 하려는 것이 아닙니다. 그것은 최선을 다하는 것이며 남과 차원이 다른 세계를 만드는 것입니다.

(7) 확신을 두려워하지 말 것

자기세상을 만들기 위해 자신만의 길을 걷다 보면 험난한 가시밭길을 걸어야 할 때도 있습니다. 후회할 때도 있을 수 있습니다. 그러나 자신의 결단과 확신을 두려워해서는 안 됩니다. 자기세상의 완성을 위해 좌면우고하지 않고 당당히 그 길을 걸어야 합니다.

15

자기세상을 만들 때 특히 유의할 3가지

자기세상을 만드는 7가지 계명 중에서 좀 더 심도 있게 다룰 3가지가 있습니다. 그중의 으뜸의 제1계명은 절대 비교하지 말라는 것입니다.

절대 비교하지 말 것

"행복은 비교하지 않는 것"이라는 말이 있습니다. 거꾸로 말하면 "비교하면 불행해진다"는 것이 되겠죠. 자기세상을 만드는 데 있어서도 마찬가지입니다. 그 요령의 제1을 '비교하지 말라'고 정했을 만큼 '비교'는 금물입니다.

인생에 정답은 없습니다. 9급 공무원이 장관보다 더 못하다고 누가 말할 수 있겠습니까? 각자의 삶의 형태와 방식이 다르듯이 인생에 대한 생각과 가치관도 10인 10색, 100인 100색일 것이기 때문입니다.

자기세상을 만들자면 언제나 떠오르는 글이 있습니다. 법정

스님의 말씀인데 나의 책이나 블로그 여기저기에 인용했습니다. 그만큼 압권입니다. 다시 한 번 음미해봅시다.

> 남과 비교하지 않고 자기 자신의 삶에 충실할 때
> 그런 자기 자신과 함께 순수하게 존재할 수 있다.
> 사람마다 자기 그릇이 있고 몫이 있다.
> 그 그릇에 그 몫을 채우는 것으로
> 만족해야 한다.*
> 진달래는 진달래답게 피면 되고,
> 민들레는 민들레답게 피면 된다.
> 남과 비교하면 불행해진다.**
>
> – 법정 잠언집, 〈살아있는 것은 다 행복하라〉,
> * '인간이라는 고독한 존재' ** '꽃에게서 배우라' 중에서

영화 〈죽은 시인의 사회〉를 보셨습니까? 아직 안보셨다면 꼭 보시길 권합니다. 1989년의 작품이니까 오래된 영화지만 요즘도 가끔 그 영화의 명대사가 인용되고 있을 정도입니다. 그 영화에서 참된 교사가 어떤 것인지를 보여주는 존 키팅 선생이 외친 유명한 대사가 있습니다.

"그 누구도 아닌 자기 걸음을 걸어라.
나는 독특하다는 것을 믿어라.

누구나 몰려가는 줄에 나 또한 설 필요는 없다.

자신만의 걸음으로 자기 길을 가라.

바보 같은 사람들이 무어라 비웃든 간에."

다시 그의 말을 음미해보세요. 한마디로 자기세상을 만들라는 것입니다. 그리고 그것은 결코 남과 비교하지 말라는 호소이기도 합니다. 자기세상을 만들고 싶습니까? 정말 행복해지고 싶습니까? 그렇다면 가장 먼저 가슴에 새겨두세요. "절대로 남과 비교하지 않겠다"고 말입니다(존 키팅 선생 역을 맡았던 명배우 로빈 윌리엄스는 2014년 8월 11일, 자택에서 자살로 생을 마감하였다. 원인은 우울증이었다는데 그렇게 자신만의 길을 간 것일까? 슬프다).

최선을 다할 것

자기세상 만들기에 대하여 두 번째로 강조하고 싶은 계명은 최선을 다하라는 것입니다. 제5장에서 최선과 전력투구를 비교하여 말했습니다. 최선을 넘어 전력투구하라고요. 여기서 말하는 최선이란 전력투구형의 최선입니다.

우리는 흔히 "최선을 다했습니다"라고 말하는데 그 말의 뜻을 좀 더 따져볼 필요가 있습니다. '최선'이란 무엇일까요? 사전적 의미는 '온 정성과 힘'입니다. 그러나 그 뜻으로는 전력투구의 최선을 설명하기에 부족합니다. 최선은 말 그대로 '베스트'를 다하는 것입니다. 자기로서 할 수 있는 최상의, 최고의 능력을 발휘하는 것입니다. 그것은 비교우위의 가치가 아니라 절대적 우위의 가치입니다.

'전력투구의 최선'에는 혼신을 다한다는 의미가 내포됩니다. 남기는 것 없이 모든 능력을 다 쏟아 붓는 것입니다. 그것은 곧 후회 없음을 뜻합니다. 그래서 사람들은 "나는 최선을 다했기에 후회 없다"고 말하지만 아이러니하게도 그 말은 최선을 다하지 않았음에 대한 후회와 변명이기도 합니다(물론 다 그런 것은 아니지만).

많은 경우 '최선'이란 핑계에 불과합니다. 성취하지 못한 것을 얼버무리기 위해 '최선' 운운하는 것입니다. 이때의 최선이란 자기 스스로 생각하는 최선일 뿐입니다. 자신의 능력에 스스로 한계선을 설정해놓고 '최선'이라 말합니다. 또는 지금 기울이고 있는 노력을 자기 능력의 극한이라고 믿고 있을 뿐입니다. 잠재능력을 스스로 부정하는 최선이요, 이룰 수 있는 기회를 스스로 제한하는 수사修辭로서의 최선일 뿐입니다.

참된 최선은 성실을 바탕으로 한 최선이요, 더 이상 할 수 없는 최선이며, 자신의 모든 것을 거는 최선입니다. 자기를 완전히 연소시키는 것입니다. 전력투구하는 것입니다. 그러기에 "최선을 다하고 있다"고 함부로 말해서는 안 됩니다.

자기세상은 대충 얼버무리는 세상이 아닙니다. 남들과 비교할 수 없는 미흡함을 변명하기 위해 "자기세상을 만들었다"고 하는 게 아닙니다. 한 개인으로서 할 수 있는 모든 것을 다 하여 만든 자기의 영역이 '자기세상'입니다.

내가 최선을 다하고 있는지를 점검하려면 《태백산맥》의 작가이신 조정래 선생의 말씀을 가슴에 담아 되뇌어볼 필요가 있습니다.

"최선이라는 말은, 이 순간 자신의 노력이 스스로를 감동시킬 수 있을 때 쓸 수 있는 말이다."

확신을 두려워 말 것

강헌구 교수. 한국비전교육원의 대표입니다. 그보다는 2001년에 발표한 밀리언셀러 《아들아 머뭇거리기에는 인생이 너무 짧다》의 저자로 유명합니다. 그리고 더 중요한 건 나의 고등학교 동기동창이라는 것. 그가 한때 제주살이를 하던 때 '100세 시대를 사는 법'을 시의 형태로 페이스북에 올렸습니다.

"댄스를 배우고 싶으면 배우고,
제주에 가고 싶으면 무조건 간다.
돈을 벌기 위해서가 아니라
샘솟는 아이디어를 억제할 수가 없어서 일을 한다.
세상의 그 어떤 평판에도 얽매이지 않고
이사 가고 싶으면 이사 가고
직업을 바꾸고 싶으면 바꾸고
호기심이 발동해서 한 번 필을 받으면

그대로 행동으로 옮기고

무엇이건 마음이 이끄는 대로

배우고 익혀서 통달을 한 다음

자기만의 색깔과 냄새를 더하여

자기만의 세계를 창조해 가는 삶

오직 지적 호기심에만 충실히 복종하는 삶

50 지나 50년은 그런 삶을 살고 싶다."

그가 말하는 것이 제가 주장하는 '자기세상 만들기'와 딱 일치한다는 생각입니다. 자기세상을 만드는 데 있어서 가장 중요한 것은 독립적이 되는 것입니다. 범죄행위나 남에게 피해를 주는 것이 아닌 한 타인의 시선을 의식하지 않는 것입니다. 때로는 외롭고 험난한 길일 수도 있지만 후회하지 않는 것입니다.

서른두 살 때, 책을 읽다가 가슴에 콱 꽂힌 글이 있습니다. 그 책이 무슨 책이었는지 전혀 기억이 없지만, 가슴에 꽂힌 구절은 아직도 가슴에 선명히 남아있습니다. 중국의 석학 임어당 선생의 그 말은 나의 좌우명이 되어 삶 전체를 지배하고 있습니다.

"자유롭게 생각하라. 독립적이 되라. 그리고 옳든 그르든 확신에 따라 행동하고 그 확신을 두려워하지 말라."

자기세상 만들기의 7계명 중 마지막으로 당부하는 것이 '확신을 두려워 말라'는 것입니다. 외롭고 독립적인 길을 당당히 걸어가려면 자기 확신은 필수입니다. 그것은 신념입니다. 그리고 용기입니다. 진정한 용기입니다.

16.

시도하라,
세상이 움직인다

내가 퇴직과 은퇴준비를 도와주는 〈한국샌더스은퇴학교〉를 만들게 된 것은 우연입니다. 아니 우연처럼 다가온 필연일지도 모르겠습니다. 그것을 만드는 과정은 은퇴자는 물론이요 젊은이들에게도 교훈이 될 수 있습니다. 결론을 먼저 말한다면 "시도하라, 그러면 세상이 움직인다"는 것이 되겠습니다.

2015년 7월 말, 대낮에 TV뉴스를 본 것에서부터 이야기는 시작됩니다. 그날 나는 여러모로 잘 알려진 K 변호사가 '파워블로거'와 스캔들이 있다는 소문에 관한 뉴스를 본 것입니다. 뉴스 자체가 말초적 호기심을 불러일으키기에 충분한 것이었지만 나의 호기심은 다른 것에 있었습니다. 다름 아니라 '파워블로거가 뭐지?'라는 의문이었습니다.

파워블로거가 무엇인지 당신에게 질문하면 뭐라고 답하겠습니까? 사람들은 아주 상식적이고 늘 입에 달고 사는 단어도 막상 그 뜻이 뭐냐고 물으면 막히는 경우가 많습니다. 아마도

"파워블로거라면 많은 팔로워를 갖고 있어서 파워를 형성하고 있는 사람"이라는 정도의 대답이 돌아올 것입니다. 그런데 한 발 더 나아가 "파워블로거가 되려면 어떻게 해야 하지?" "조건이 뭐지?"라고 물으면 정확한 대답을 하기 어렵게 됩니다.

TV뉴스에서 얻은 힌트

나는 그런 질문을 스스로에게 던졌고 정확한 답을 알 수 없었기에 인터넷을 뒤졌습니다. 그때 대충 얻은 답은 하루에 평균 1000여 명의 방문객이 있어야 한다는 것, 그리고 그 정도가 되려면 거의 매일 글을 올려야 한다는 것이었습니다(정확한 것인지는 모르지만 내가 검색한 바로는 그렇다. 사실인지 여부는 중요하지 않다).

'아하! 파워블로거 파워블로거 하더니만 그게 그 정도구나'라고 생각한 나는 나의 블로그는 상태가 어떤지 궁금해졌습니다. 오래전에 만들어 놓고 거의 방치된 상태였거든요. 블로그를 체크해봤는데 그날의 방문자는 달랑 4명에 불과했습니다.

잠시 생각에 잠겼던 나는 '그래, 나도 한번 시도해보자'라고 결심했습니다. 그리고는 나 자신을 옭아매기 위하여 페이스북을 통해 선언을 했습니다. 8월 1일부터 100일 동안 매일 한 편씩 글을 올리겠다고 말입니다.

그날부터 11월 8일까지, 100일 동안 하루도 빠짐없이 모두 102편의 글을 올렸습니다. 처음에는 예약기능이 있는지 몰라서 다음날의 글을 전날 밤에 올리기도 했지만 예약기능을 알고부터는 밤10시 이후에 글을 써서 다음날 새벽 6시 정각에 글이 뜨도록 했습니다.

그런데 그게 장난이 아니었습니다. 지금까지 수많은 책을 썼지만 그것과 블로그의 글을 쓰는 것과는 달랐습니다. 처음 20일 정도가 가장 힘들었던 것 같습니다. 매일 하나의 주제를 잡아서 기승전결起承轉結의 글을 써야 한다는 의무감은 대단한 스트레스였습니다. 글만 쓰는 게 아니라 수시로 강의일정까지 소화해야 했기에 나중에는 탈진 직전까지 갔습니다. 그야말로 고생을 사서 한 것입니다. 옆에서 지켜보던 아내는 "누가 감독하는 것도, 숙제를 하는 것도 아니고, 돈이 들어오는 것도 아닌데 왜 그렇게 생고생을 하냐?"고 나무랐습니다. 나중에는 한방병원에서 침을 맞기도 했고 몸에 좋다는 약도 먹었지만 의사의 가장 확실한 처방은 "머리를 좀 쉬라"는 것이었습니다. 정말이지 "내가 왜 이런 쓸데없는 욕심을 내지?"라는 자각에 포기하려고도 했습니다. 꼭 파워블로거가 돼야 할 이유는 없었습니다. 그럼에도 약속이 뭔지, 그리고 자존심이 뭔지…. 결국 포기하지 않고 100일을 버텨냈습니다.

100일 동안에 어떤 일이 벌어졌을까요? 우선 방문객의 동향을 보겠습니다. 8월 1일, 첫 글을 올린 날의 방문객수는 20여 명에 불과했던 것으로 기억합니다. 그리고 4일째 되던 날 239명, 24일째에 드디어 1천 명을 돌파하여 1,547명이 됐습니다. 그 후 방문객수는 계속 들쑥날쑥! 8월 달을 886명으로 마감하고 9월로 넘어갔는데 9월 14일 4,070명을 기록하고 그 다음날에 5,333명이 되어 신기록을 달성했습니다. 그러고는 계속 오르락내리락 하며 '다지기'를 하더군요. 9월을 3,479명으로 마감하고 10월로 넘어와서는 상당히 안정적인 추세를 보여주었습니다. 대략 1천 명 선을 평균적으로 유지하면서 1,049명으로 10월을 보냈습니다. 그렇게 11월을 맞아 100일이 되었고 나 스스로에게 '당신은 이제 파워블로거'라는 인증을 하고 막을 내렸습니다(그 이후, 글을 잘 올리지 않자 방문객 수가 팍 줄어들었다).

시도가 남긴 것

그런데 흥미로운 일이 시작됐습니다. 나이 탓인지 100일 동안 올린 글들은 부지불식간에 퇴직이나 은퇴, 노후에 관한 글이 많았던 모양입니다. 그 글을 읽은 지인이 차제에 나의 이름을 걸고 '은퇴학교'를 운영하는 게 어떻겠냐는 제의를 한 것입니다.

'은퇴학교?'

지인의 권고가 머릿속에 착 박혔습니다. 그리고는 며칠 동안 나의 머릿속을 헤집고 다녔습니다. 3년 전부터 여러 단체나 기업에서 퇴직자들을 대상으로 은퇴준비에 관한 강의를 해왔음에도 거기까지는 생각이 미치지 않았다는 것이 오히려 이상했습니다. 그랬기에 '정말 은퇴학교를 한번 해봐?'라는 데까지 생각이 닿았습니다.

결심을 굳히고 먼저 학교 이름을 짓기로 했습니다. 지인은 아예 나의 이름을 걸고 '조관일은퇴학교'로 하라 했지만 아무래도 쑥스러워 어떻게 작명을 할 것인지 궁리를 거듭했습니다. 머리를 짜내던 나는 휴식 겸 TV를 보다가 또 영감을 얻게 됩니다.

TV에서는 미국의 대통령 후보 경선에 관한 뉴스가 나오고 있었습니다. 내가 아는 이라곤 힐러리 후보뿐이었는데 백발이 성성하고 이미 은퇴할 나이로 보이는 사람이 한 사람 있었습니다. 버니 샌더스라 했습니다. 나중에는 힐러리 후보를 위협하며 젊은 층들의 환호를 받은 노익장을 과시했지만 그때만 해도 크게 관심을 끌지 못하던 때입니다.

샌더스? 그 이름이 나를 자극했습니다. 나 같은 산업교육강사들에게 샌더스는 낯익은 이름입니다. 노후의 열정과 도전을 말할 때 곧잘 인용하는 인물이기 때문입니다. 버니 샌더스가 아니라 KFC의 커넬 샌더스 말입니다. 그는 끈질긴 노력 끝에 켄터키 프라이드 치킨을 67세에 창업한 노후의 롤모델로 이름난 사람입니다(뒤에 자세히 소개할 것이다). 버니 샌더스를 통해 커넬 샌더스를 떠올렸고 드디어 전전긍긍하던 작명의 힌트를 얻었습니다. 그렇게 탄생한 것이 〈한국샌더스은퇴학교〉이고 나는 스스로 교장이 된 것입니다.

이렇게 첫 단추를 꿰고 나면 그 다음부터는 일사천리입니다. 은퇴문제를 다룰 수 있는 전문 강사들과 팀을 이뤄 교육 프로그램을 만들어냈습니다. 그런데 팀원 중의 한 사람이 "샌더스은퇴학교니까 우리 강사들도 영어이름을 갖자"고 제안했습니다. 이때 또 나의 머리가 번쩍였죠. 즉각 나의 이름을 '샌더스 조'로 작명한 것입니다. 그러니까 결국은 '조관일은퇴학교'와 같은 의미가 되는 셈입니다. 이런 발상이 재미있지 않습니까?

유튜버가 된 사연

아는 이는 알지만 나는 현재 22만여 명의 구독자를 보유한 유튜버입니다. 이 유튜브에 뛰어든 사연도 여러분에게 시사하는 바가 있을 겁니다.

2018년 5월의 어느 날입니다. 자주 만나는 후배 강사들과 어울렸을 때 L강사가 나에게 유튜브를 하라고 권했습니다. 그때까지만 해도 나는 유튜브 앱조차 휴대전화에 깔려 있지 않았습니다. 어쩌다 아는 이들이 카톡으로 보내주는 재미난 영상을 클릭해서 보는 게 전부였습니다. 가수 싸이의 말춤을 그것에서 봤고 몇몇 가수들의 노래를 그것에서 배웠습니다. 그러기에 나의 머리에 입력된 '유튜브'는 그렇고 그런 영상들이 올라가 있는 플랫폼 정도였습니다.

따지고 보면 우리가 안다는 게 얼마나 폭이 좁은 것인지 모릅니다. 모두들 자신의 창문을 통해서만 세상을 봅니다. 그리고는 그것이 세상의 모든 것이라고 확신합니다. 착각이죠. 명색이 박사요, 수많은 기업에서 수많은 강의를 한 나지만 유튜브에 대한 상식과 선입견은 정말 무식의 경지였습니다. 어쩌면 70대 나이의 꼰대로서는 당연한, 좋게 봐서 정상적인 수준이라 할 수 있습니다.

어쨌거나 나는 후배의 권고를 받아들였습니다. 그리고 며칠 후 아르바이트 학생으로부터 영상 편집기술을 4시간 정도 배웠습니다. 흥미로웠습니다. 장비구입비는 불과 3만 8천 원. 그것으로 시험 영상을 만들어본 후, 7월 1일에 첫 영상을 올렸습니다.

시청자의 반응이 시큰둥했습니다. 5개월 동안 구독자가 250여 명밖에 안 됐으니까 하루에 1~2명의 구독자가 생겼을 정도입니다. 포기할까 생각했습니다. 그런데 유튜브를 가르치는 책에 2년 정도 꾸준히 영상을 올리라고 돼있더군요. 그 말을 믿었습니다. 포기하더라도 2년 정도는 하고 포기해야겠다고 생각했습니다. 그리하여 꾸준히 영상을 찍어 업로드 했습니다.

6개월이 지나면서 유튜브의 콘텐츠를 어떻게 해야 하는지 감각이 생겼고, 구독자도 크게 늘기 시작했습니다. 책에서 권고한 것이 옳다는 느낌을 받았습니다. 그렇게 하루하루 실적이 쌓인 결과 2019년 12월 17일, 유튜브를 시작한지 1년 5개월 17일 만에 구독자 10만 명을 돌파함으로써 실버버튼을 받았습니다.

만약 후배의 권고를 귓등으로 들었다면, 아니 제대로 들었더라도 시도하지 않았다면 오늘의 나는 없습니다.

기도(祈禱)말고 기도(企圖)하라

나의 사례를 길게 설명하는 이유가 있습니다. 좋은 교훈을 얻을 수 있기 때문입니다. 아이디어란 엄청난 것이 아니라 한 발 더 나가는 것이라는 점, 조금만 발상을 바꾸면 새로운 세상을 만들 수 있다는 것 등등 말입니다. 돌아보면 〈한국샌더스은퇴학교〉의 뿌리는 놀랍게도(?) K 변호사와 파워블로거의 '썸씽'에서 비롯됩니다. 유튜브로 우뚝 설 수 있던 것은 저녁식사 자리에서 있었던 후배의 권고 때문입니다.

그러나 앞에서 언급한 교훈들 말고 정말로 우리가 가슴에 새겨야 할 더 큰 교훈이 있습니다. 꿈을 이루려면, 아니 꿈을 만들려면 뭔가 시도해야 한다는 것입니다. 그러면 세상이 응답한다는 교훈입니다.

여러분도 각자의 상황에서 시도해볼 '꺼리'를 찾아보길 권합니다. 그리고 도전해보는 겁니다. 이것을 하면 뭐가 되지? 그걸 하면 뭐해? 그런 의문과 회의는 집어치우고 일단 해보는 겁니다. 실패를 두려워하지 마시고요. 그러면 세상이 움직입니다. 무리하게 욕심을 부리고 과도한 자금을 투자하는 것이 아닌 한 대부분의 시도는 '남는 장사'입니다. 어떤 형태로든 무엇인가를 남기기 때문입니다. 하다못해 실패의 교훈이라도 말입니다.

이것은 대단히 중요한 의미가 있습니다. 무엇인가 '시도하면' 의외의 일, 새로운 세계가 전개될 수 있다는 의미 말입니다. 아무것도 시도하지 않으면 아무 일도 일어나지 않습니다. 그러나 '시도'는 세상을 움직입니다. 판을 흔듭니다. 그리하여 생각지도 않았던 새로운 세계를 열게 할 수 있는 것입니다.

여러분께 권합니다. 무엇을 해야 할지 전전긍긍하는 젊은 청춘들에게, 그리고 퇴직 후 은퇴생활을 구상하는 신중년들에게 무엇이든 일단 시도해보라고 말입니다. 멀리 내다보지 않아도 됩니다. 꼭 무엇인가를 이루겠다는 목표하에 시도하는 것이 아닙니다. '지금' 할 수 있는 것, 관심을 끄는 것, 해보고 싶은 것을 일단 시도해보세요. 꿈이 꿈을 이루게 하는 것이 아니라 시도가 세상을 움직여 꿈을 잉태하게 하고 그 꿈을 이루게 하는 것입니다. 아무쪼록 기도祈禱하지 말고 기도企圖하기를 바랍니다.

17.
은퇴경쟁력과
3재테크

    은퇴전략으로 그리고 노후대책으로 내가 늘 강조하는 것이 '3재테크'입니다. '3재테크'란 내가 만든 조어인데 '財테크', '才테크' 그리고 '在테크' 3가지를 말합니다. 이것은 '생애관리'에 관한 것으로서 생애 전체를 놓고 어떤 인생을 살 것인지 3재테크의 관점에서 계획을 세우고 추진해야 합니다. 생애에 관한 것이기에 당연히 젊었을 때부터 면밀한 계획을 짜야 합니다.

    財테크는 워낙 잘 알려진 용어니까 그렇다 치고, 才테크란 재산을 관리하듯이 '재주'를 관리해야 한다는 의미입니다. 이것은 직업이동, 일거리 창출과 직접적인 관련이 있습니다. 그리고 在테크는 어떤 존재가 될 것인지, 어떤 품격의 삶을 살 것인지에 대한 대책입니다.

    먼저 '財테크'부터 살펴봅시다. 우리나라의 경우 이 부분이 은퇴전략의 주종을 이룹니다. 왜 그러냐면 은퇴니 2막인생이니 하며 초창기에 바람을 넣고 분위기를 잡은 공로자가 금융·보험회사였기 때문입니다. 첫 단추는 그런 회사들이 금융상품을 판매하기 위해 고객에게 겁(?)을 준 것에서 비롯됩니다. 그러나 사실은 겁이 아니라 정보입니다. 재산관리, 이재설계가 노후생활의 핵심이 됨은 말할 것도 없기 때문입니다. 목구멍이 포도청이요 금강산도 식후경이며 쌀독에서 인심이 나오니까요.

'財테크'는 어떻게 해야 할까요? 이게 말처럼 간단치 않습니다. 이 부분이야말로 전문가로부터 당신의 처지에 맞는 맞춤 컨설팅을 받아야 합니다. 신문이나 TV, 또는 책에서 은퇴 이후 노후자금으로 3억 원이 필요하다느니, 10억 원이 있어야 한다느니 하는 소리는 모두 부질없는 숫자놀음입니다. 그 계산은 당신이 해야 합니다. 사람마다 형편이 다르고 씀씀이가 다르기 때문이요 현재의 재산상태 또한 다르기 때문입니다.

뿐만 아니라 현재의 재산이 미래에 어떤 가치가 있는지도 예상해야 하고요. 또한 은퇴나 노후의 財테크에 관계된 새로운 금융상품이 줄기차게 나오고 제도가 수시로 바뀌기 때문에 財테크를 책에서 다루는 것은 별 도움이 안 될 것입니다. 이 부분은 머리를 쓰며 많은 공부가 필요하기에 이쯤 해두겠습니다.

멀티형 인간이 되라

둘째는 才테크인데 이것 역시 중요합니다. 才테크를 하게 되면 그것이 자연스럽게 財테크가 되는 수도 있으니까요. 才테크란 재산을 관리하듯이 '재주'를 관리해야 한다는 의미입니다. 이것은 직업이동과 직접적인 관련이 있습니다. 따지고 보면, 지금 당신이 하고 있는 업무와 관련된 재주(전문성)가 그 직장을 떠난 이후에도 직업창출에 기여하고 호구지책이 될 수 있는 경우란 의외로 적습니다.

만약 당신이 은행에서 저축업무를 담당하고 있다고 했을 때, 30년 이상 그 자리에 근무한 베테랑 저축 전문가라 하더라도 막상 은행을 떠난 다음에 저축의 전문성이 일자리를 만들고 호구지책이 되기는 힘들다는 말입니다. 우리들 직장인들이 2막인생을 걱정하고 은퇴계획에 문제가 생기는 것이 바로 그래서입니다.

才테크와 관련하여 우리가 추구할 현실적인 방안은 'π(파이)'형 인간이 되는 일입니다. 파이형 인간이란 한 가지가 아닌 두 분야 이상의 전문성을 가진 사람을 말합니다. '멀티 스페셜리스트'라 할 수 있습니다.

이제 '평생직장'이란 개념은 없어졌습니다. 예전 세대는 한번 직장을 잡으면 그곳에서 정년을 맞고 은퇴를 했습니다. 그리고 은퇴 후 얼마 안 있어 생을 마감했습니다. 그런데 지금은 유목민처럼 이 직장 저 직장을 옮겨 다녀야 합니다. 평생직업의 개념이 없어졌습니다. 어느 조사에 의하면, 평생 동안 30여 개의 직장을 옮겨야 한다는 통계도 있습니다.

뿐만 아니라 퇴직 후 30~40년 이상을 살아야 합니다. 그 긴 기간을 일 없이 무위도식할 수는 없습니다. 그 긴 세월을 취미생활만으로 채운다는 것은 문제가 있습니다. 그러기에 일생동안 여러 개의 직업을 가질 수밖에 없습니다. 100세 시대에 하나의 재주, 하나의 전문성으로 살아간다는 것은 불안합니다. 뿐만 아니라 인간은 내면에 여러 가지 자아가 존재하므로 세상 물정을 모르고 삶에 대한 가치관이 제대로 정립되지 않은 20대에 잡은 직업으로 평생을 살아야 한다는 것은 분명 심각한 문제요 딜레마입니다.

이에 대하여 '영국 최고의 라이프스타일 사상가'로 불리며 '인생학교'의 창립멤버이기도 한 로먼 크르즈나릭Roman Krznaric은 《인생학교: 일에서 충만함을 찾는 법》How to Find Fulfilling Work에서 해법을 제시하고 있습니다.

즉, 인간은 경험과 관심사, 가치와 재능이 복잡하면서도 다중적이어서 설령 지금은 고등학교의 영어교사라 하더라도 여러 분야에 도전해 웹디자이너, 대학 교수 또는 유기농 음식점 사장이 되어 인생의 성취를 맛볼 수 있다는 것입니다. 이렇게 여러 분야에 도전해서 성취하는 방식은 은퇴시기가 계속 앞당겨지는데 비해 수명이 점점 더 길어지는 요즘 세상에서 더욱 빛을 발한다고 했습니다.

이렇듯, 한 인간으로서의 자아실현과 여러 직업을 가질 수밖에 없는 현실을 감안할 때 우리는 회사를 위해서가 아니라 자기 자신을 위해서라도 반드시 여러 분야(전문성)에 통할 수 있는 멀티형 인간, 파이형 인간이 되지 않으면 안 됩니다.

제2의 전문성을 찾는 법

그러면 지금 당신이 갖고 있는 전문성 이외에 또 하나의 전문성을 어떤 것으로 해야 할까요? 그것은 당연히 사람마다 다릅니다. 才테크 계획에 따라 달라집니다. 퇴직 이후 이동해야 할 직업을 무엇으로 생각하고 있느냐에 따라 달라집니다. 퇴직에 임박해서 직업을 구한다면 찬밥, 더운밥을 가릴 입장이 못 되지만, 젊은 날부터 미래의 직업을 구상한다면 좀 더 과학적인 접근을 할 수 있습니다. 여기서는 로먼 크르즈나릭이 말한 내용을 간단히 소개하겠습니다.

그는 직업을 결정함에 있어서는 첫째 '돈'을 버는 것, 둘째 사회적 '지위'를 획득하는 것, 셋째 더 나은 세상을 만드는 데 '기여'하는 것, 넷째 '열정'을 따르는 것, 다섯째 '재능'을 활용하는 것인지 여부를 따져보라고 했습니다. 그리고는 다섯 가지 조건 중에서 우선적으로 고려하고 싶은 2가지를 선택하고 그에 걸맞은 직업이 무엇인지 심사숙고해서 고릅니다. 그것(할 일)이 결정됐다면 젊은 날부터 그에 상응하는 전문적 능력을 기르라는 것입니다. 치열하게 공부해야 합니다. 물론 세상이 그렇게 '수학적'으로 되지는 않습니다. 그럼에도 불구하고 이른 시기부터 그런 조건을 따져보며 꾸준히 자기계발에 나서면 충격 없이 '2막인생'에 연착륙할 수 있고 '1막'보다도 더 멋진 미래를 열어갈 수 있다는 것입니다.

라이프워크를 만들 것

才테크와 관련하여 로먼 크르즈나릭이 제2전문성을 강조했다면 나는 라이프워크Life work을 강조합니다. 내가 퇴직자를 대상으로 강의할 때 가장 많이 강조하는 것의 하나가 바로 이것입니다. 라이프워크란 '필생의 일'로 번역되는데 사전적 의미는 '일생에 걸친 사업, 인생 전체의 목적이 되는 일, 연구 또는 작품'을 말합니다. 쉽게 풀이하여, 직장의 일을 '워크'라고 한다면 취미로 하는 일을 '라이프워크'라고 할 수 있는데, 그렇다고 단순한 취미가 아닙니다. 때로는 그것이 제2의 전문성이 되어 퇴직 이후에도 일처럼 계속할 수 있는 테마나 대상을 말합니다. 이것은 꼭 소득이 발생하느냐 아니냐와는 관계가 없습니다. 물론 소득이 발생할 라이프워크라면 양수겸장이겠죠.

라이프워크가 젊은 날의 직업과 같거나 그 연장선상에 있다면 그것은 큰 행운입니다(대개의 예술가들이 그렇다). 일과 취미가 같으니까 말입니다. 그러나 직장인의 일이 퇴직 이후에도 취미가 되고 생업이 될 수 있는 아이템은 흔치 않습니다. 곰곰이 생각해보세요. 당신이 지금 하고 있는 일에서 '달인'이 된다면 그 지식과 재능으로 퇴직 이후의 '일'이 보장될 수 있는지를 말입니다.

만약 그것이 가능하다면 좌면우고할 것 없습니다. 직장의 그 일에 승부를 걸어야 합니다. 그러나 그렇지 못하다면 노후와 관련된 일, 평생 취미처럼 할 수 있는 일을 하루라도 빨리 정하고 젊은 날부터 시행하기를 권합니다. 늦으면 늦습니다. 훗날에 가슴 치며 크게 후회하게 됩니다.

퇴직에 대한 준비, 노후의 준비를 위한 才테크는 젊은 시절부터 해야 합니다. 어찌 보면 그것은 평생의 과제입니다. 그렇다고 해서 새파랗게 젊은 20대의 신입사원이 현직의 업무를 소홀히 하면서까지 노후문제에 매달리라는 게 아닙니다. 퇴직 준비를 하라면 으레 회사를 그만둘 준비를 하라는 것으로 받아들이는 데 그런 것이 아닙니다. 거꾸로 지금의 직장과 일에 더 충실해야 합니다. 그래야 훗날이 편안합니다.

본업으로서의 잡job에 충실하면서 동시에 훗날에 대비하는 라이프워크를 만들어야 합니다. 그것을 꼭 '은퇴준비'라는 개념으로 접근할 게 아니라 하나의 생활패턴으로 일상화하고 습관화해야 합니다. 인생의 활기찬 연속을 위한 대비라고 하는 게 옳습니다. 평생의 보험을 든다는 차원에서라도 준비를 착실히 하면서 살아가야 합니다. 경제적 자립을 위한 재財테크와 더불어서 말입니다.

품격 있는 삶 살기

세번째는 '在테크'입니다. 어떤 존재, 어떤 삶을 살 것인가에 대한 과제입니다. 在테크 역시 才테크, 財테크와 상호연관성이 있지만 반드시 그런 것은 아닙니다. 돈이 많다고 해서 꼭 품격 있는 삶은 아니니까요. 반대로 소박하지만 멋진 인생도 있습니다.

'在테크'에 대하여는 길게 설명하지 않겠습니다. 이 책의 내용 대부분이 그것과 관련되기 때문입니다. 품격 있게 늙는 법에서부터 아내와의 관계에 이르기까지 모두가 말입니다.

자, 당신의 '3재테크'는 안녕하십니까? 잘 계획되어 있습니까? 그대로 실천하고 있습니까? 그렇다면 당신의 노후는 안녕합니다. 그러나 그렇지 못하다면 이제부터라도 그것에 대한 깊은 고려가 있어야 합니다. 노후가 저만치서 빠른 속도로 달려오고 있습니다.

18.

천직,
일거리를 찾는 법

앞에서 언급한 대로 제2전문성을 기르고 라이프워크를 만들다보면 자연스럽게 퇴직 이후의 일거리(여기서 일거리란 소득이 발생하는 '일자리'에서부터 소득은 발생하지 않더라도 소일을 할 수 있는 '거리'에 이르기까지 넓은 의미의 용어다)로 발전하게 됩니다. 수입이 없는 일거리라도 그것이 2막인생에서 해야 할 천직으로 발전하거나 평생 동안 심취할 취미활동이 될 수 있습니다.

이때 중요한 것은 "왕년에 내가…"라면서 외면적 가치로 일을 선택하지 말라는 것입니다. 당신이 하고 싶고, 또는 의미를 부여할 수 있는 일이라면 남의 시선을 의식할 필요가 없습니다. 설령 겉으로 보기에 하찮은 일이라도 당신이 스스로 천직으로 삼고 싶고 의미동기를 만들어낼 수 있는 일이라면 서슴없이 하는 겁니다.

"천직은 '찾는' 것이 아니라 '키워나가는' 것"이라고 로먼 크르즈나릭이 말했듯이 하늘이 내게 딱 맞는 일을 주는 것이 아니라 내게 딱 맞는 일을 내가 만들어가는 것입니다. 열정적이고 활기찬 은퇴생활을 하려면 무엇보다도 먼저 자신의 일에 가치와 의미를 부여해야 합니다. 일의 의미를 스스로 찾아봐야 합니다. 만약 발견하지 못한다면 창조할 수도 있습니다.

이런 직업, 이런 일거리

직업과 일거리는 찾으려고 하면 얼마든지 찾을 수 있습니다. 그러려면 공부를 해야 합니다. 발품을 팔아야 합니다. 누군가 밥을 떠서 입에 넣어주기를 바란다면 절대로 해결되지 않습니다. 감나무 밑에서 입만 벌리고 있을 것이 아니라 감나무에 오르거나 장대를 갖고 감을 딸 노력을 해야 합니다. 정부의 일자리 창출 관련 기관에서 어떤 일을 하고 있는지도 공부해야 하고 발품을 팔아가며 취업박람회에도 가봐야 합니다. 두드리면 얻을 수 있습니다.

다음의 것은 관련 사이트와 책에 나와 있는 수많은 일거리 중에서 몇몇을 예시한 것입니다. 이것만 봐도 듣도 보도 못했던 직업과 자격, 일거리가 있음을 알 수 있을 것입니다. 이것들을 통해 영감을 얻고 당신의 라이프워크는 물론이고 직업을 찾아내기 바랍니다. 세상은 넓고 할 일은 많습니다.

방과후지도사, 아동심리상담사, 반려(애완)동물관리사, 반려동물행동교정사, 반려동물장례관리사, 노인심리상담사, 심리상담사, 베이비시터, 가정복지상담사, 유기농업기능사, 경호관리사, 부부심리상담사, 도로교통감정사, 경비(경호)지도사, 농산물품질관리사, 수산물품질관리사, 약용식물관리사, 체형관리사, 산지식물자원관리사, 신재생에너지발전기사, 간병사, 가족문화지도사, 택일상담사, 가정관리사, 전통시장관리사, 직무스트레스관리사, 건축물에너지평가사, 유치원행정실무사, 치매예방관리사, 의료기기관리사, 사회복지사, 사회보험사, 공인중개사, 직업상담사, 장례관리사, 자연생태복원기사, 연예인관리사, 인간공학기사, 종자기능사, 기업R&D지도사, 원예심리상담사, 용접산업기사, 손해평가사, 농림생태해설사, 토종식물해설사, 결혼상담사, 초벌번역가, 산후관리사, 미술심리치료상담사, 장례플로리스트, 한자지도사, 사회조사분석사, 발효효소관리사, 친환경관리사, 직업상담사, 주택관리사, 4대보험관리사, 속기사, 자원봉사 코디네이터, 관계학 어드바이저, 세컨드 하우스 헌터, 대학·학과 소개투어 전문가, 문중박물관장, 유대인·이스라엘전문가, 이슬람사회문제 전문가, 인문학카페운영자, 인성교육전문가, 기념일 기획자, 선물매니저, 효교육 전문가, 빈집지킴이, '집 바꾸어 살기' 사이트 운영자, 농촌일손뱅크 운영자, 걷기운동가 등. ('자격증 클럽' 사이트 http://licenseclub.com/gnuboard4/site_map.php를 검색해보라. 수백 가지의 자격증이 있음을 알 수 있다)

이런 여가활동은 어떨까?

일거리 중에 중요한 것이 여가, 취미생활과 관련된 것입니다. 당신은 여가를 어떻게 할 것입니까? 당신의 취미는 무엇입니까? 노후의 취미활동은 꼭 하나일 필요가 없습니다. 오히려 다양한 취미, 다양한 여가 활동을 즐기라고 전문가들은 조언합니다. 시간이 많으니까요. 물론 하나의 취미에 필이 딱 꽂혀서 몰입할 수 있다면 그 길을 가면 됩니다.

어떤 사람은 하고 싶은 게 너무 많다고 말하기도 합니다. 좋은 일입니다. 하고 싶은 일이 많다는 것은 노욕이 아닙니다. 그만큼 열정이 펄펄 끓는다는 것을 의미합니다. 하고 싶은 일이 많으면 많은 대로 생각과 마음이 내키는 대로 하면 됩니다. 노후니까요.

여러 자료를 통해 우리가 할 수 있는 취미활동을 나열해보겠습니다. 아마 깜짝 놀랄 것입니다. 이렇게 많다니요. 직업이든 취미든 우리는 너무 단견이고 편협합니다. 아마 당신에게 알고 있는 직업이나 취미활동을 적어보라면 10여 가지를 적으면서부터 고민에 휩싸일지 모릅니다. 그래서 공부를 하라는 겁니다.

다음의 취미활동에서 여가를 어떻게 보낼 것인지 영감을 얻기를 기대합니다. 그리하여 당신의 취미생활이 훨씬 다양해지고 여가활동의 수준이 높아지기를 바랍니다.

등산, 골프, 산책하기, 야구구경, 테니스, 마라톤, 자전거 타기, 인터넷하기, 몸짱만들기, 책 읽고 어록만들기, 독서하고 좋은 글귀·자료·사례 모아보기, 유머모아보기, 세상을 사는 감동사례 모아보기, 퇴직이후의 삶을 멋지게 산 사람의 사례 모아보기, 지역역사연구하기, 붓글씨배우기, 건강한 식음료 만들기, 나홀로 여행하기, 부부해외여행하기, 가족여행 가보기, 자기 사는 곳을 샅샅이 탐색하기, 국토순례해보기, 외국 등 낯선 곳에서 살아보기, 여행과 순례의 경험으로 책쓰기, 계획을 세워 다른 나라 음식 먹어보기, 맛집 탐방하기, 도시호텔에서 휴식취하기, 직업연구해보기, 자기 나름의 은퇴생활 매뉴얼 만들어보기, 감사일기(행복일기)쓰기, 한 분야를 정하여 끈질기게 연구해보기, 작곡해보기, 음악듣기, 시·소설·에세이 써보기, 자신의 인생드라마로 책쓰기, 직장생활의 교훈으로 자기계발서 쓰기, 교회 등에서 봉사활동하기, 일상의 불편함을 체크하여 아이디어 내보기, 자신의 아이디어로 특허에 도전하기, 특허서류 작성법 배워 직접 출원해보기, 유명한 산을 차례로 등반하기, 그림배우기, 만화배우기, 생각나는 사람에게 손 편지 써보기, 블로그 만들어 운영하기, 드림리스트(버킷리스트) 만들어 도전해보기, 옛 친구 찾아보기, 좋은 사람과 멋지게 술 마시기, 새 친구 사귀기, 독서하기, 동네 도서관 이용하기, 악기배우기, 노래배우기, 춤 배우기, 요리배우기, 가족들에게 음식대접하기, 새로운 요리 개발하기, 자원봉사하기, 영화 마니아 되보기, 사업 아이템을 골라 고수가 될 때까지 연구해보기, 조상에 대한 기록 찾아 정리해보기, 사진배우기, 동호회 활동하기, 스피치배우기, 집설계하기, 집짓기, 집 개조하기, 주식공부해보기, 좋은 정보를 다루는 사이트 찾아 집대성해보기, 대학이나 대학원에 진학하기, 커피 등의 바리스타 되기, 불필요한 물건 버리기, 조상에 대해 연구하기, 옷 만들기, 취미 농사짓기, 아이들과 놀기, 친척집 방문하기, 후배들 불러 밥 사주기, 수다 떨기, 벼룩시장·전통시장 둘러보기, 드라이브하기, 목공예배우기, 외국어배우기, 낮잠 자기, 유익한 TV프로그램 보기, 명상하기, 성격의 장단점 찾아 고쳐보기, 민박집운영하기, 애완동물 기르기, 남을 위해 할 수 있는 일 찾아보기, 새로운 취미 개발하기, 마술배우기, 행동수칙 만들어보기, 자기에게 맞는 운동법 개발하여 실천하기, 나만의 스트레칭법 만들어 실행하기, 예술·문화 활동하기, 배우자와의 관계 다시 설정하여 실천하기, 자신의 전업 및 취미와 관련하여 깊이 연구하기, 그것을 책으로 써보기, 경제학 공부에 도전하기, 지식 나눔 실천하기, 동네를 위해 할 일 찾기, 긍정으로 생각하여 덕성을 기르기, 남을 진심으로 사랑하기, 1일1선해보기, 선플 달아보기, 공상에 잠기기, 멍하게 있어보기, 지역축제 찾아가보기, 자동차청소하기, 집 안청소하기, 해서는 안 될 일 목록 만들기, 관상·사주 등 역학 배워보기, 자신만의 술 만들어보기, 꼭 배우고 싶은 사람 찾아보기,

자기를 젊게 가꾸기, 좋은 모임에 가입하기, 꼭 해보고 싶었던 것 해보기, 스마트폰만으로 사진작가 돼보기, 스마트폰만으로 영화 만들어보기, 이 목록에 없는 취미·여가 목록 만들어보기(이 목록들은 어니 J. 젤린스키의 《은퇴 생활 백서》김상우 역, 와이즈북, 2006,에서 많은 힌트를 얻었다).

천직은 스스로 만드는 것

모니카 페트Monika Feth의 《행복한 청소부Der Schilderputzer》(김경연 역, 풀빛, 2000)를 보면 어떻게 일을 하고 어떻게 천직을 만들어 가는지 영감을 얻을 수 있습니다.

이야기의 주인공은 독일의 작가와 음악가들의 거리에서 거리표지판을 닦는 청소부입니다. 그는 열심히 표지판을 닦는 성실한 사람입니다. 그러던 어느 날, 자기가 닦고 있는 거리표지판들이 단순한 거리 이름이 아니라 시인이나 음악가, 작곡가들의 이름인 것을 알게 됩니다. 그 순간 자기가 하고 있는 일의 의미를 깨닫습니다. 그래서 그는 표지판을 더욱 정성스럽게 닦을 뿐 아니라 자기가 닦고 있는 표지판에 적힌 사람들을 보다 더 잘 알기 위해 공부를 시작합니다. 깊이 공부할수록 일의 의미를 깊이 알게 되고 그럼으로써 그 일을 더 사랑하게 된 것은 물론입니다.

그는 결국 시를 알고 음악을 알고 작곡을 아는 유명한 청소부가 됐습니다. 여기저기서 강의 요청이 들어오고 대학의 강

144

단에 서달라는 제의도 있었지만 그는 거절합니다. "나는 내가 하는 일을 사랑하고, 지금까지 그랬듯이 그냥 거리의 표지판 청소부로 머물고 싶다"고 말입니다. 일의 의미를 모르는 대학 교수보다 일의 의미를 찾은 대학의 청소부가 때로는 더 행복하고 가치 있음을 보여줍니다. 진정한 성공과 행복이 무엇인지를 그는 말없이 웅변하고 있습니다.

당신이 어떤 일을 찾아내던 '이거다' 싶으면 그것이 천직이 되게 할 것인지 아닌지는 당신 자신에게 달렸습니다. 당신 스스로 그 일에 의미를 찾고, 없으면 의미를 만들어서 천직이 되게 하는 겁니다. 천직은 운명처럼 다가오기도 하지만 때로는 스스로 만드는 것입니다.

19. 일거리는 이렇게 만든다

퇴직하는 사람이 가장 걱정하는 것은 '일거리'입니다. 설령 경제적으로 풍요로운 사람이라 하더라도 일거리는 있어야 합니다. 그냥 놀겠다고요? 그것도 하루 이틀이지요. "끊임없이 계속되는 휴일이란 지옥이나 다름없다"고 버나드 쇼는 말했습니다. 그의 말이 아니더라도 계획도 목표도 없이, 말 그대로 '그냥 놀면' 그것은 죽는 날을 기다리는 인생에 다름 아닙니다.

그럼 어떻게 일거리를 만들어낸다? 앞에서 일거리를 찾는 법, 천직을 만드는 법에 대하여 다뤘습니다. 당연히 상당한 계획과 전략이 필요합니다. 더구나 노후의 안정을 위하여 소득이 발생하는 일거리를 원한다면 더욱 더 그렇습니다. 그 계획과 전략은 한두 마디로 될 성질의 것이 아닙니다. 그럼에도 다음의 5가지는 핵심적인 요령이 될 것입니다. 이름하여 '일거리 만들기 5계명'입니다. 역시 '1·2·3·4·5'법으로 만들었습니다. 기억하기 쉽게.

일거리 만들기 5계명

1. 일거리보다 먼저 '자기 자신'을 찾을 것

가장 중요한 것은 '과연 어떤 일을 하고 싶냐?'는 것입니다. 그러니까 일거리를 찾기 전에 자기 자신부터 확실히 알아야 합니다. 당신의 간절한 꿈과 소망을 발견하는 것이 첫째입니다.

또 하나는 당신의 능력과 소질을 확실히 아는 것입니다. 예컨대, 잘 아는 사람이 외식업으로 크게 성공했다고 해서 당신도 성공할 수 있는 것은 아닙니다. 개인의 성격상 죽었다 깨도 장사를 못 할 사람도 있습니다. 사람마다 특질이 있습니다. 심지어 낯 두껍기나 배짱의 크기도 다릅니다. 강조하지만 일거리를 찾기 전에 당신 자신부터 확실히 아는 게 중요합니다.

2. 이르면 이를수록 좋다

"입사한 그날부터 은퇴 달력 넘어간다." 퇴직·은퇴를 다룬 조선일보 기사(2011. 6. 28)의 제목입니다. 입사한 그날부터 은퇴를 생각하라고요? 그런 뜻은 아니겠지만, 가능한 한 일찌감치 퇴직 후의 계획을 세우라는 강력한 표현일 것입니다.

덧붙여 조언하자면, 현직에 있으면서도 퇴직 이후의 일을 '걱정(인식)'하는 사람은 일이나 사물, 그리고 사람을 대하는 자세가 달라집니다. 꾸준히 궁리하게 됩니다. 그러다 보면 좋은 '꺼리'를 만들어내게 됩니다. 더구나 앞으로의 세상은 한 직장에서 정년을 맞기보다 수시로 직업이동을 할 게 뻔합니다. 그렇다면 정말이지 젊었을 때부터 미리미리 대비하지 않으면 안 됩니다. 당신의 은퇴달력은 얼마나 넘어갔습니까?

3. 3년은 철저히 연구할 것

이 글을 쓸 때 공교롭게도 지인이 운영하는 동해안의 펜션에 갔습니다. 그는 나와 비슷한 시기에 주업인 직장에서 퇴직을 했는데, 함께 일할 때부터 "퇴직하면 고향에 가서 펜션사업을 하겠다"고 늘 말했습니다. 뿐만 아니라 그 구상을 꼼꼼히 설계했습니다.

그곳에서 1박 하며 이야기를 나누면서 그가 현직에 있을 때 얼마나 사전준비를 철저히 했는지 감탄했습니다. 또한, 별별 까탈스런 고객을 상대하며 뒤치다꺼리를 하는 고된 일을 하면서도 무척 즐겁게 일한다는 것에 깊은 인상을 받았습니다. 한편으로 부러웠습니다.

3년을 연구하라고 꼭 '3년'을 말하는 것은 아닙니다. 해야 할 일에 대하여 꽤 많은 시간을 투자하여 시장조사, 사업계획 등등 철저히 연구하고 공부해야 한다는 말입니다. "서당 강아지도 3년이면 풍월을 읊는다"고 했습니다. 예컨대, 음식점을 하겠다면 전국의 소문난 음식점을 찾아가보고, TV에 소개되는 '음식 달인'들의 비법을 배우고 연구하는 등 오랜 시간 공을 들여 철저히 준비해야 합니다. '대충 철저히'해서 남보다 앞설 수는 없습니다. 성공하기는 더욱 어렵습니다.

4. 사업에 관한 과욕을 버릴 것

퇴직 후의 일거리라면 자꾸 '사업'을 생각하는 경향이 있습니다. 평생 샐러리맨을 한 사람일수록 '자기사업'을 하며 '사장' 소리를 듣고 싶어 합니다. 물론 그렇게만 된다면 얼마나 좋겠습니까? 그러나 과욕을 부리면 안 됩니다. 사업이란 위험성이 상존함을 잊어서는 안 됩니다. 더구나 나이 든 퇴직자가 '아차!' 실패를 하면 재기하기가 힘들 뿐 아니라 나락으로 떨어질 수 있습니다. 따라서 사업을 하더라도 '1인기업'이나 '프리랜서' 등 소박하게 시작하기를 권합니다. 그러다가 '이거다!' 싶으면 그때 규모를 키워도 좋으니까요. 노후의 과욕은 금물입니다.

5. 오판에 대비할 것

열심히 연구하고 결단을 내려 일거리를 만들었지만 결과적으로 '오판'이 될 수도 있습니다. 더구나 자금투입이 많았다면 퇴직자로서 절망할 수도 있습니다. 따라서 모든 계획은 최악의 상황에 대비해야 합니다.

이민규 교수는 그의 책 《실행이 답이다》에서 "최악의 시나리오를 예상하고 플랜 B를 준비하라"고 충고했습니다. 용맹무쌍한 나폴레옹은 이렇게 말했습니다. "작전을 세울 때 나는 세상에 둘도 없는 겁쟁이가 된다. 상상할 수 있는 모든 위험과 불리한 조건을 과장해보고 끊임없이 '만약에?'라는 질문을 되풀이 한다."

마찬가지입니다. 일거리를 만드는 것 못지않게, 가능한 모든 위험요인을 찾아내 그에 대한 대비책을 세워야 합니다.

어떻습니까? 당신은 지금 퇴직 이후에 어떤 일을 하려고 생각합니까? 그 일에 대한 꼼꼼한 체크를 해보셨습니까? 아니면 막연히 '멋진 일' '돈 되는 일', 아니면 '그거라도 할 수밖에 없는 일'을 구상하는 것은 아닙니까? 또는 막연한 자신감으로 헛된 꿈을 좇고 있는 것은 아닙니까? 5계명에 맞춰 점검해보는 건 어떨지요. 아무쪼록 당신에게 딱 맞는 좋은 일거리를 만드는 것에 성공하길 빕니다.

20.

여가·취미생활은
이렇게

일거리 중에는 직업적인 것이 아닌 여가·취미생활의 것도 있습니다. 은퇴 후 취미생활은 매우 중요합니다. 자존감을 증진시키고 행복도가 높아지며 건강유지 및 향상, 그리고 정체성을 확립하는 데 큰 도움이 됩니다. 때로는 우울증을 극복하는 수단도 되고요. 거꾸로 여가생활, 취미생활이 없는 노후를 생각해보세요. 삭막한 노후가 상상될 것입니다.

퇴직 예정자들을 대상으로 강의를 할 때 종종 "어떤 취미를 갖고 있는지?" 또는 "알고 있는 취미생활의 '꺼리'를 아는 대로 말해보라"고 질문합니다. 그러면 답변으로 돌아오는 취미생활의 종류는 10여 가지에 불과합니다. 그만큼 우리네 안목이 좁다는 의미도 되고 관심이 없거나 공부가 부족하다는 말도 됩니다.

내가 이 책을 쓰기 위해 여가를 위한 취미활동을 모을 수 있는 대로 모아보고 분류했더니 16개 분야로 나눌 수 있었습니다. 그리고 한 분야마다 10가지 정도의 세부적인 활동이 있다고 하면 그것만 해도 160개가 넘는 취미활동을 찾을 수 있다는 계산이 나옵니다(실제로는 훨씬 더 많다). 참고로 그것이 어떤 분야인지 살펴봅시다. 물론 이것 외에 당신이 찾을 수 있는 것이 또 있을 수 있겠죠.

취미의 종류(16개 분야)

1) 운동: 헬스, 조기축구, 게이트볼, 활쏘기, 마라톤, 골프를 포함 각종 운동

2) 예술: 그림, 조각, 악기, 노래, 춤, 사진 등의 예술활동

3) 배우기(탐구): 외국어, 역사탐구, 컴퓨터, 주민센터교육, 1가지 집중연구 등

4) 창작(만들기): 공예, 공작, 포슬린아트, 캘리그라피 등

5) 여행: 자전거여행, 자동차 여행, 국내여행, 해외여행, 도보여행 등

6) 탐방: 박물관, 미술관, 유적지, 명소, 맛집 탐방 등

7) 요리: 각종 요리

8) 크리에이터: 유튜브, 블로그, 인스타그램 등

9) 수집: 각종 수집활동

10) 재테크: 주식, 부동산 등

11) 키우기: 애완동물, 꽃, 식물재배, 텃밭농사, 정원가꾸기 등

12) 즐기기: 게임, 쇼핑, 식도락, 드론, 영화감상, 음악감상, 낚시 등

13) 휴식, 힐링: 명상, 요가, 다도, 마사지, 스킨케어, 낮잠 자기 등

14) 읽고 쓰기 : 독서, 저술, 인터넷서핑, 자료정리 등

15) 사회활동 : 자원봉사, 종교봉사, 기부활동, 클럽활동 등

16) 기타 : 각자 특유의 취미활동

여가·취미생활 7계명

어떻습니까? 의외로 많은 '꺼리'가 있음을 알았을 것입니다. 우리가 그동안 얼마나 좁게 세상을 보고 살았는지를 깨닫게 될 수도 있습니다. 여가·취미생활도 진지하게 공부하는 자세가 필요합니다. 그러면 전혀 생각지도 못했던 '꺼리'를 발견하고 더 나아가 나중에는 그것에서 소득이 발생하는 일거리가 될 수도 있습니다. 여가·취미생활을 위한 7계명을 소개합니다.

첫째, 가급적 빨리 시작할 것

은퇴준비는 일찍 시작하는 것이 좋다고 했습니다. 마찬가지로 취미생활도 젊었을 때 시작하는 게 좋습니다. 그래야 내공이 쌓이고 때로는 궤도를 수정하면서 취미다운 취미를 찾게됩니다.

둘째, 광범위하게 탐색할 것

좁은 눈으로 세상을 보지 마세요. 여가·취미생활도 공부가 필요합니다. 다른 사람들은 어떤 취미를 갖고 있는지도 탐색

해야 하고 해외의 사례도 모아봐야 합니다. 당장 눈에 띄는 것으로 "이거다" 싶어 덤비지 마세요. 다양성을 추구하여 때로는 취미를 여러 가지로 가져도 좋습니다. 동적인 것과 정적인 것을 각각 한두 가지씩 가질 수도 있고요.

셋째, 작업흥분을 믿을 것

작업흥분이란 어떤 것을 시작하다 보면 점점 그것에 흥분을 느껴 광범위하게 파고들거나 심취하는 것을 말합니다. 처음에는 심드렁했던 취미지만 하면 할수록 좋아질 수도 있습니다. 함부로 "나는 이런 것에 취미가 없어"라고 말하지 마세요. 좋아하는 것을 취미로 삼을 수도 있지만 하다 보니 좋아지는 경우도 많습니다. 그리하여 대가의 반열에 든 사람도 적지 않습니다. 작업흥분을 통한 진화의 힘을 믿기 바랍니다.

넷째, 생산적 취미생활을 할 것

취미생활에도 생산적인 것과 소비적인 것이 있습니다. 예를 들어 독서를 하더라도 단순히 시간을 보내기 위해 도서관을 찾는다면 그건 소비적인 것이죠. 그러나 독서를 통해 어떤 사람의 일대기를 탐구한다면 그건 생산적인 것이 됩니다. 어떻게 하면 생산적인 취미가 될 수 있을지 궁리하면서 '꺼리'를 찾으시기 바랍니다.

다섯째, 프로의 경지로 갈 것

강아지를 키우더라도 단순히 즐기는 것을 넘어 강아지의 심리를 연구한다든가, 어쨌거나 깊이 있는 공부를 통하여 프로의 경지를 목표로 삼아야 합니다. 그래야 보람을 느끼게 되고 때로는 애견센터 같은 창업의 길을 걸을 수도 있습니다. 최고수를 목표로 삼으세요.

여섯째, 과정을 즐길 것

위의 다섯 가지를 목표로 삼다 보면 자칫 여유를 잃고 스트레스가 될 수 있습니다. 그건 안 됩니다. 천천히 여유롭게 즐기면서 해야 합니다. 목표에 도달하는 것도 좋지만 그 과정을 즐기셔야 합니다. 그래야 취미생활이 되는 겁니다.

일곱째, 기록을 남길 것

이것 참 중요한 말입니다. 여행을 해도 남는 건 사진뿐이라는 이야기도 있습니다. 취미생활을 기록으로 남기는 것 잊지 마세요. 나중에 그것이 전문적인 책이 될 수도 있고 자서전의 기초가 될 수도 있습니다. 아주 늙은 노후에 남는 건 기록뿐일 겁니다.

21.

창업에 대한
오해와 진실

앞에서 내가 일거리를 어떻게 만들었는지 어떻게 창업을 했는지를 살짝 보여드렸습니다. 일찍이 우연한 계기로 책을 써서 예상치도 못했던 라이프워크를 만든 것이며, 그 라이프워크가 결국 퇴직 이후에 산업교육강사라는 일자리를 창출한 것, 또한 블로그를 하다가 지인이 귀띔해 준 아이디어로 은퇴경쟁력을 다루는 〈한국샌더스은퇴학교〉를, 그리고 〈조관일TV〉라는 유튜브로 새로운 일거리를 만든 것 등 말입니다. 그럼으로써 나는 프리랜서로서 그리고 1인기업가로서 영역을 넓혀서 나름의 보람찬 자기세상을 만든 사람으로 꼽힙니다. 나의 스토리에 대하여 말하려면 훨씬 더 많은 이야기를 들려드릴 수 있으나 이쯤에서 그만두고 어떻게 업業을 창創하여 자기의 영역을 만들 수 있는지를 좀 더 다뤄보겠습니다. 이에 대하여는 나의 책 《자기세상을 만들 용기》에 자세히 나와 있는데 요약하여 옮기겠습니다.

창업의 두 가지 방식

'업業을 창創하는 것'에는 두 가지 방식이 있습니다. '일거리'를 만드는 것과 '일자리'를 만드는 것이 그것입니다. 이 둘의 사이에는 밀접한 상호연관성이 있습니다. 일거리를 만들다 보면 그게 일자리가 되는 경우가 많기 때문입니다. 사람들은 창업創業을 꿈꿉니다. 자기 직업, 자기 회사를 만들고 싶어 합니다. 젊은 청춘도 그렇고 중년의 직장인도 그러하며 퇴직한 사람들 역시 마찬가지입니다.

지금은 창업의 시대입니다. 그런데 창업이라면 자꾸만 '회사'나 '사업체'를 머리에 떠올립니다. 그 생각부터 수정할 필요가 있습니다. 회사나 사업체의 형태를 생각하니 창업이 어려워집니다. 더구나 자금과 경험까지 없다면 더욱 말입니다.

그런 형태가 아니라도 자기가 할 일자리를 만들어내면 그것이 창업입니다. 예컨대 프리랜서가 되거나 1인 기업을 하는 것처럼 업業을 만들어내면創 그것이 창업이라는 말입니다. 창업이 꿈이라면 기존의 직업들에 연연하지 말고 '업'을 '창'하기를 권합니다.[*]

"창업이 생각처럼 쉽냐?"고 물을 것입니다. 물론 어렵습니

---

* 이 책에 나오는 '창업'이라는 단어에 대하여 유심히 읽어야 한다. 어떤 경우는 우리가 보통 말하는 '창업: 회사를 만드는 것'이고, 어떤 경우는 스스로 자신의 일자리를 만든다는 의미에서의 '창업: 업을 창하는 것'이다. 문맥을 보면 구분할 수 있다.

다. 실제로 창업을 한 사람의 21퍼센트가 또다시 직장인으로 되돌아간다고 합니다. 뿐만 아니라 창업 후의 월 평균 소득이 '직장생활에 비해 적거나 매우 적다'는 비율이 절반이 넘는 53.2퍼센트에 달했습니다. 이처럼 창업 자체도 힘들지만 수성하는 것은 더 힘든 것입니다. 창업이 꿈과 의욕만으로 이뤄지는 것이 아니라는 말입니다.

창업이란, 말 그대로 업業을 만들어내는 것입니다. 직업을 창조하는 것입니다. 따라서 음식점이나 판매점 등 길거리에서 쉽게 눈에 띄는 기존의 업종에 눈독을 들이지 말고 상상력과 창의력을 최대한 발휘하여 새로운 '업'을 창출해야 합니다. 그래야 경쟁에서 이길 수 있는 블루오션을 만들어낼 수 있습니다.

공부하며 발품을 팔아라

"일해야 하는 걸 누가 몰라? 일거리가 없으니까 그러지." 이렇게 푸념하는 사람들이 많을 것입니다. 그러나 생각하기 나름이고 '의지'의 문제입니다. 깊이 궁리하고 찾아보면 할 수 있는 '업'은 많습니다. 앞에서 본 '천직, 일거리를 찾는 법'에서도 의외로 많은 자격과 취미가 있는 것을 보았지 않습니까?

업이 많다는 것은 생각했던 것보다 창업이 의외로 쉬울 수도 있다는 말이 됩니다. '창업'이라면 으레 '장사'하는 것을 머리에 떠올리는 사람이 많은데 그것만이 창업은 아닙니다. 사무직 창업도 있을 수 있고 연구직 창업도 가능합니다. 혼자 할 수 있는 업도 있고 여럿이 함께 할 수 있는 일도 있습니다. 회사의 형태일 수도 있고 아닐 수도 있습니다. 샅샅이 뒤지고 연구하여 업을 찾아야 합니다.

국내에서만 찾지 말고 외국에는 어떤 직업이 있는지도 깊이 있게 살펴봐야 합니다(이런 것은 google에서 successful start-up 만 검색해도 무수한 자료가 나온다). 어느 시민단체에서는 우리가 거의 들어보지도 못한 1000가지 직업을 소개하기도 했습니다.

당신이 가장 하고 싶은 것을 찾을 수도 있고, 가장 잘하는 것에서 찾을 수도 있습니다. 그리고 가장 중요한 핵심은 '남과 다르게 잘할 수 있느냐'는 것입니다. 남과 다르게 잘할 수만 있다면 기존의 업에서 경쟁해도 승산이 있습니다.

그에 대한 정보는 넘쳐납니다. 신문을 비롯한 각종 매체에서 심층적으로 다루고 그에 대한 책도 많이 나와 있습니다. 그런 것에 관련된 책 열 권만 읽어보세요. 금세 길이 보입니다. 이참에 한번 물어보겠습니다. 지금까지 은퇴와 노후에 관한 책을 몇 권이나 읽어봤나요? 한두 권 봤다면 아직 멀었습니다. 그런 식으로 해서 어떻게 일거리와 일자리를 만들어냅니까? 어떻게 은퇴경쟁력을 갖출 수 있습니까? 공부해야 합니다. 자격증을 따는 것만 공부가 아닙니다. 불안한 마음에 이것저것 자격증을 따는 사람이 있는데 자칫 고생만 하고 무용지물이 되는 수가 많습니다. 따라서 그 이전에 어떤 업을 창하여 어떤 노후를 맞을 것인지부터 심도 있게 공부해야 합니다.

그뿐만 아닙니다. 주위를 살펴보면 멋지게 제2 인생을 살고 있는 롤모델을 찾을 수 있는데 발품을 팔아서 그들을 직접 찾아 한 수 배울 수도 있습니다. 문제는 퇴직 이후를 준비하는 마음의 자세요, 용기 있게 결단하고 실행하는 행동력입니다. 노력이든 돈이든 투자하지 않고 좋은 결과를 기대할 수는 없습니다. Input 없이 Output은 당연히 없습니다.

퇴직 이후의 노후에는 업을 창하더라도 일자리보다는 일거리에 중점을 두는 것도 하나의 방법입니다. 우리는 '일거리'라면 꼭 '직장'과 '월급'을 머리에 떠올리는 경향이 있습니다. 돈벌이가 되어야 일거리인 줄 압니다. 그거야말로 상상력의 부족이요 편협한 발상입니다. 화려한 제2인생을 만드는 방법은 다양합니다. 꿈이 있다면 '꺼리'는 얼마든지 만들어 낼 수가 있습니다.

잘 노는 것도 창업

결론적으로 직장으로서의 일자리를 만들기는 쉽지 않더라도 자기의 가치를 실현하고 보람을 느낄 일거리는 쉽게 찾을 수 있다는 말입니다. 꼭 돈벌이가 되는 것이 아니라도 소중한 '창업'이 된다는 말입니다. 심지어 잘 노는 것도 훌륭한 일거리일 수 있습니다.

잘 노는 것도 창업이라고? 내 친구를 소개합니다. 솔직히 말해 그는 크게 두드러진 사람은 아닙니다. 직장생활 내내 동기들에 비해 오히려 뒤쳐진 형편입니다. 그렇다고 그가 불성실하거나 농땡이를 치는 스타일은 아닙니다. 누구보다도 성실한 사람이지만 조용한 성격이라 사람들과 잘 어울리지 않았습니다. 그래서인지 직장생활에서 크게 빛을 보지 못했습니다(정확한 이유를 찾을 수가 없으니 그냥 '팔자八字'라고 해두자). 그렇게 정년을 맞았습니다. 정년을 맞은 후, 그도 다른 사람과 마찬가지로 일거리를 찾아 나섰습니다. 그러나 가능한 일이 아니었습니다.

그럭저럭 2년쯤 지난 어느 날, 그는 코페르니쿠스적인 발상전환을 합니다. 즉, 그냥 놀기로 작심한 것입니다. 직장을 찾으려니 스트레스가 되고 괜히 주눅이 드는 자신을 발견하고 아예 당당하게 놀기로 결단했습니다. 안 되는 일에 매달려 전전긍긍하다가는 건강을 해쳐 수명을 단축할 것 같았기 때문입니다.

우선 현실을 냉정히 계산해봤습니다. 살고 있는 아파트를 포함하여 매달 약간씩 나오는 국민연금, 그리고 아끼고 절약하여 저축한 현금과 아플 때에 대비하여 젊은 시절부터 불입했던 실비보험 등등을 모두 계산해보니 죽을 때까지 최소한의 생계는 가능하다는 판단이 섰습니다. 그래서 그냥 놀기로 한 것입니다.

그렇게 놀기로 작심하니 신천지가 전개되는 것 같았답니다.

그 대신 제대로 놀기로 했습니다. 바꾸어 말하면 노는 것을 일거리로 만들기로 작심한 것입니다. 비용지출을 최대한 줄이기 위해 지자체 등 공공기관에서 운영하는 '공짜' 교육프로그램을 조사하여 최대한 활용하기로 했습니다. 공공 체육시설을 이용하여 운동도 하고, 학창 시절 이후 거들떠보지 않았던 영어에도 도전했습니다. 그의 이야기를 들으면서 감탄했습니다. 그런 노후 대책도 있다는 것에 놀랐습니다. 그의 스토리를 다 쓰자면 끝이 없습니다. 결론을 말하겠습니다. 그는 지금도 잘 놉니다. 놀지만 그냥 소일하는 게 아닙니다.

한 달의 스케줄, 일 년의 계획이 짜임새 있게 설정됩니다. 공공기관에서 받는 평생교육, 자원봉사, 그것을 통해 새롭게 사귄 사람들과의 등산 또는 해외여행, 여행에서 찍은 사진 정리, 요리 등 가사 돕기 등등. 그 모든 것을 그는 놀이처럼 즐깁니다. 그를 만나보니 직장생활을 할 때보다 훨씬 자신만만하고 활기찼습니다. 전혀 다른 사람으로 변해있었습니다. 30여 년 동안의 직장생활에서 사귄 사람보다 훨씬 더 다양한 사람을 알게 됐답니다. 내가 보기에 그것은 그 사람다운 일거리요 일자리입니다. 그는 퇴직 후 그이다운 '자기세상'을 만들어냈습니다. 누가 뭐래도 자기만의 업을 창했습니다.

연금 등 사회보장이 잘 된 선진국에서는 우리와 달리 은퇴 후의 '업'을 내 친구처럼 잘 노는 것으로 삼는 경우가 많습니다. 오히려 그것을 권장합니다. 노후에는 인생을 즐겨야 한다는 이유에서입니다. 많은 전문가들이 죽을 때까지 일해야 한다고 말하는데 짧은 인생을 어찌 일만 하며 보냅니까? 잘 노는 업을 갖는 것도 분명히 노후의 지혜요 은퇴경쟁력입니다.

꼭 돈벌이가 되거나 꼬박꼬박 출퇴근을 하는 것이어야 직업이 되고 직장이 되는 것은 아닙니다. 자신이 꿈꾸며 도전하고 있는 것이 있다면 그 또한 직업이요, 당신이 일하는 곳이라면(심지어 커피숍의 한 구석이라도) 그곳이 어디든 직장이 되는 시대입니다. 나의 명함만 봐도 그렇습니다(다음 장에 나온다). '조관일 창의경영연구소'의 '대표'임과 동시에 '한국샌더스은퇴학교'의 교장, 그리고 유튜브 '조관일TV'의 대표입니다. 내가 만든 1인 회사요 나의 세상입니다. 물론, 나는 내 세상의 대표자이고요.

22.

왜 명함이
없으세요?

명함에 대한 이야기가 나왔으니 명함에 대하여 좀 더 다루겠습니다. 명함이 왜 중요한지 알아보겠습니다.

퇴역한 지 몇 달 된 장군을 만난 적이 있습니다. 그와 인사를 나누고 명함을 건넸는데 그가 겸연쩍은 표정으로 말했습니다.

"저는 요즘 명함이 없습니다."

"왜 명함이 없으세요?"

나의 질문에 그가 답했습니다.

"전역한 지 얼마 안 돼서 요즘 놀고 있습니다."

그가 무슨 말을 하는 건지 모르는 바가 아닙니다. 그러나 그의 말을 들으면서 나는 속으로 좀 안됐다는 생각을 했습니다. 어깨에 별이 번쩍이던 사람이 갑자기 초라하게 느껴졌습니다. 당당하지 못하고 말입니다.

명함은 '또 하나의 나'요, 메시지이다

수년 전, 서울교육청을 비롯하여 여러 군데서 교사들에게 명함을 만들어주는 운동을 펼친 적이 있습니다. 대학 교수와 달리 초중등학교의 교사들은 명함을 갖지 않는 '문화'가 있었던가 봅니다. 그런 운동을 펼친 명분은 '사기를 올리고 자존심을 회복해주자'는 것이었습니다. 그렇게 해서 사기가 올라가고 자존심이 회복되는지는 모르겠으나, 그런 운동 여하를 떠나서 직장인이라면, 아니 사회인이라면 당연히 명함을 가져야 합니다.

명함은 단순히 '이름, 주소, 전화번호, 회사명, 직책 등을 기입하여 자신을 설명하는 역할을 하는 종이'가 아닙니다. 그것은 '또 하나의 나'요, 나를 표현하는 메시지이며 정체성identity입니다. 사람들은 그것을 통해 '나'의 이미지를 그립니다. 하는 일을 떠올리며 때로는 얼굴을 기억해냅니다.

그런데 현직에 있을 때는 사진까지 박힌 멋진 명함을 들이대며 으스대던 사람이 퇴직을 하면서 자연스럽게(?) 명함을 갖지 않는 수가 많습니다. 저 장군처럼 말입니다. 결론부터 말해서 사회생활을 하는 사람이라면 명함을 가져야 합니다. 우리네 정서상 전업주부인 경우에는 그렇다 치더라도 직장생활을 한 사람이 퇴직을 했다고 해서 자기를 표현하는 명함이 없어진다면 그 순간 '존재'가 없어지는 것과 같습니다.

나의 경우, 직장을 예닐곱 군데 다녀봤지만 지금은 프리랜서요 1인연구소를 운영하는 사람입니다. 보통의 표현으로 하면 퇴직한 사람이요 심한 경우에는 은퇴자로 취급받는 경우도 있습니다. 그러나 나의 명함은 누구보다도 번듯합니다. 현직 때의 명함보다 더 멋집니다.

자, 나의 명함을 보세요. 이 안에 여러 가지 메시지와 힌트가 있습니다. 우선 앞면을 보세요. '조관일 창의경영연구소'의 대표임을 알 수 있습니다. 내가 설명하지 않으면 그것이 1인 기업인지 프리랜서인지 알 수도 없습니다.

다음은 도메인 주소를 살펴보세요. 내가 '이 세상의 중심'임을 의미하는 글귀로 주소를 삼았습니다. imcenter가 보이죠?

그것은 'I am center'를 말합니다. 강의와 교육으로, 아니 무엇을 하든 간에 내가 중심이 되는 '자기세상'을 만들겠다는 꿈과 의지의 표현입니다. 또한 im = idea management의 약자가 되어 '창의경영'을 나타냅니다(영어를 잘하는 딸의 아이디어입니다). 그리고 나의 유튜브 채널과 그것에 연결되는 QR코드가 보입니다.

다음은 뒷면입니다. '한국샌더스은퇴학교'의 교장임이 표시되어 있습니다. 나의 영어 이름이 나옵니다. 이미 언급한 대로 Sanders Jo로 삼았습니다. 그리고 밑에는 나의 좌우명 중 하나인 '궁리하라 그러면 된다'가 인쇄되어 있습니다. 사진대신 캐리커처를 넣어 재미를 더했습니다. 남들이 나를 기억하기 좋게 친절을 베풀었습니다. 이 작은 종이 한 장에 내가 말하고 싶은 것, 내가 추구하는 것, 나를 상징하는 거의 모든 것을 담았다 해도 과언이 아닙니다.

명함이 정체성이다

가급적이면 퇴직하기 전부터 명함을 잘 구상하기 바랍니다. 촌스럽지 않게 멋지게 만드세요. '前 ○○대학교 교수'라는 식으로 전직을 쓰는 사람도 있는데 그보다는 '지금' 하고 있는 일을 직업으로 기재하여야 합니다(꼭 밝히고 싶은 전직이 있으면 부기하면 된다). 옛날의 자리에 연연하는 건 늙었다는 증거요, 희망이 별로 없다는 것이며, 지금 하고 있는 일에 대한 자부심이 없다는 의미가 됩니다.

직업이 없는데 무슨 명함이냐고요? 지금 하고 있는 일이 직업입니다. 꼭 돈벌이가 돼야만 직업인 것은 아닙니다. 정확히 밝힐 만한 일자리가 없다면 되고 싶은 꿈을 적어 넣는 것도 한 방법입니다. 그러다 보면 꿈을 이뤄 번듯한 명함을 만들기 위해서라도 직업 창출에 심혈을 기울일지 모릅니다.

일본의 정년퇴직자가 또다시 일자리를 만들기 전까지 건강 관리를 할 목적으로 등산을 시작하면서 명함의 직업란에 '일본 명산 100곳 도전 중'이라고 썼다는 그 당당함을 배울 필요가 있습니다.

퇴직은 죄를 짓는 게 아닙니다. 미안한 일도 기죽을 일도 아닙니다. 그것은 일자리를 준비하는 과정일 수도 있으며, 때로는 작심하고 노후를 느긋하게 즐기는 것일 수도 있습니다. 은퇴란 오히려 인생의 휴식을 즐기는 마지막 단계의 의미가 크다고 봅니다. 할 수만 있다면 돈벌이로서의 일자리를 갖지 않는 게 바람직하다고 생각합니다. 그 어떤 것이든 간에 당당해야 합니다. 자신감이 있어야 합니다. 그 당당함과 자신감을 나타내는 첫걸음이 명함을 만드는 것입니다. 명함이 당신이요 정체성입니다.

일과표
만들기

직장생활을 할 때, 연말이 되면 가장 곤혹스런 것이 '망년회'라는 이름의 술자리였습니다. 어느 해인가는 11월 중순부터 12월 말까지 단 하루도 빠짐없이 연속으로 52회의 술자리를 가졌던 기억이 있습니다. 휴~, 지금 돌아보면 목숨 걸고 한 해를 잊으려 몸부림을 쳤던 것 같습니다. 미련하게 말입니다.

그 이듬해, 또다시 연말이 다가오자 슬그머니 걱정이 됐습니다. 또 한 번 술과의 전쟁을 치러야하니까요. 그러나 뾰족한 대책이 떠오르지 않은 나는 가장 소극적인 방법 하나를 생각해냈습니다. 일정표가 담긴 휴대형 수첩을 펼친 후(그때는 휴대전화로 일정을 관리하지 않고 수첩으로 했다), 그 수첩의 일일계획표의 하단(그러니까 저녁시간대)에 〈저녁약속×〉라고 표시를 했습니다. 저녁약속을 안 하겠다는 표시입니다. 11월 중순에서부터 12월말까지 몽땅 그렇게 표시를 해놨습니다.

물론 큰 효과를 기대하고 한 것은 아니었습니다. 너무나 힘든 연말이 예상되기에 가능한 한 그렇게 하겠다는 최소한의 의지와 '그랬으면 좋겠다'는 희망의 표시였습니다.

그런데 대박! 그것의 효과를 톡톡히 봤습니다. 누군가로부터 저녁 식사를 함께 하자는 연락이 오면 다른 일정이 잡혀있는지 수첩을 펼쳐보게 마련이고, 그러면 선명하게 〈저녁약속 X〉라고 표시된 것을 발견하게 됩니다.

인간의 심리란 묘한 것이더군요. 예전 같으면 그 시간대가 여백으로 되어 있어 자의반 타의반 저녁약속을 하게 되는데, 저녁약속을 안 하겠다는 표시가 있는 것만으로도 "오늘은 아무래도 안 되겠네요"라며 피할 수 있는 약속은 피하게 되더라는 사실입니다. 그때 '일과표'의 위력을 실감했습니다.

퇴직·은퇴자다운 일과표 만들기

각설하고, 직장을 떠난 사람들에게 꼭 권하고 싶은 것이 일과표 작성입니다. 통계에 의하면 퇴직·은퇴자의 하루 일과 중 가장 큰 비중을 차지하는 것이 'TV시청'입니다. 하루 평균 3시간 이상을 TV 앞에 앉아 있다는 겁니다. 그것이 가장 나쁜 습관이라고 하는데도 말입니다. 특히 퇴직 직후 서너 달은 위로다 뭐다 하면서 쉴 새 없이 친구를 만나기 십상입니다. 퇴직자들끼리의 모임도 만들 거고요. 어찌 보면 그런 행태는 갑자기 '홀로 되는 것'에 대한 불안감의 발로라 할 수 있습니다.

그러지 마세요. 그런 행태가 버릇 들여지면 퇴직 후의 인생살이에 별로 도움이 되지 않습니다. 자칫, 가정 밖을 서성이는 전형적인 '백수'의 행동방식이 될 수 있습니다. 우선 쉬운 것부터 하기 바랍니다. 일과표를 만드는 겁니다. 초등학생 시절에 방학을 맞으면 선생님이 미리 숙제를 줍니다. 방학 동안의 일과표를 작성하라고요. 마찬가지입니다. 인생의 방학을 맞은 퇴직·은퇴자 역시 일과표를 작성해야 합니다. 일일계획은 물론이고 적어도 주간계획까지는 미리미리 설계해야 합니다.

어떤 효과가 있냐고요? 일과표를 만들었을 때와 아닐 때의 효과는 하늘과 땅의 차이입니다. 해보면 압니다. 무엇보다도 생활이 짜임새 있게 됩니다. 그럼으로써 생활의 질서와 균형을 잃지 않게 됩니다. 퇴직·은퇴 후 생활에서 가장 중요한 것의 하나가 생활의 질서와 균형인데 그것을 자연스럽게 일과표가 조절해줍니다. 정말 꼭 그렇게 하기를 권합니다.

그럼 일과표는 어떻게 만들까요? 일과표를 만드는 구체적인 요령을 다루기 전에 퇴직자의 일과표는 퇴직자다워야 한다는 것입니다. 좀 여유를 두고 느긋하게 살 필요가 있습니다.

모처럼 만난 후배 퇴직자가 나에게 말했습니다. 퇴직자 교육을 받았는데 강사가 이렇게 말하더랍니다.

"퇴직 이후에도 현직에 있을 때처럼 긴장을 해야 합니다. 그러지 않으면 생활이 헝클어지고 건강을 해칩니다. 금방 늙습니다. 따라서 직장생활을 할 때와 마찬가지로 일찍 일어나 출근하는 것 같은 마음가짐으로 하루를 맞으라"고요.

이때 저의 입에서 툭 튀어나온 감탄사(?)가 있습니다.

"웃기네!"

(사실은 욕을 했음. 미안하지만 못 듣는 곳에서는 나라님 욕도 하지 않는가? 그렇게 이해해주시길. 아마도 그 강사는 늙어보지 않은 사람일 것이다.)

나는 의견이 다릅니다. 퇴직하고 나면 여유를 즐겨야 합니다. 직장이 없는데 뭣 하러 일찍 일어나 부산을 떱니까. 느긋해야 합니다. 평생, 긴장과 스트레스 속에서 살아왔는데 또 긴장하라고요? 그래야 늙지 않는다고요? 그래야 병이 안 난다고요? 그게 모두 상상 속의 이야기입니다. 퇴직하고도 현직에 있을 때와 똑같이 생활하려는 그 자체가 스트레스입니다. 그러다 정말 병납니다. 특히 아내로부터 구박받기 딱 좋습니다. 그런 것을 염두에 두고 다음의 요령으로 일과표를 짜면 됩니다.

일과표 작성의 요령

1. 여유를 반영할 것

그렇다고 너무 늘어지면 안 됩니다. 여유와 절도, 이 두 가지의 균형을 잡는 게 중요합니다.

'슈퍼노인증후군'에 빠지지 마세요. 앞에서도 말한 바 있지만, 슈퍼노인증후군은 이것저것 할 일을 많이 만들어 바쁘게 살아야 된다는 강박관념입니다. 젊은 시절과 퇴직 이후의 노후는 생활방식이 달라야 합니다. 때로는 느긋이 낮잠도 즐길 수 있어야 합니다.

2. 각자의 특성과 상황을 고려할 것

"누가 어떻게 한다더라"라는 말에 현혹되지 마세요. 그 사람은 그 사람이고 나는 나입니다. 사람마다 상황과 여건이 다릅니다. 특히 체력과 성격에 따라 다릅니다. 혼자 있기를 좋아하는 사람도 있고, 혼자 있으면 불안해하는 사람도 있습니다. 당신은 당신에게 맞는 일과표를 짜야 합니다.

3. 일과표 중 건강을 제1로 삼을 것

나도 이 부분에서는 이론대로 하지 못하는 수가 많습니다. 아침에 일어나자마자 글을 써야 하거나 새벽에 강의출장을 가는 등 일정이 들쭉날쭉하기 때문입니다(그것도 핑계에 불과하지만). 하여간 나의 경험상 간곡히 당부드리는데 퇴직 이후의 일과는 가장 먼저 건강관리 일정부터 잡아놓고 시작해야 합니다. 여러 번 강조하지만 노후의 삶의 질은 건강과 체력에 절대적으로 좌우됩니다.

4. 꼭 하고 싶은 일, 삶의 목표를 확실히 할 것

앞에서 드림리스트에 대하여 다룬 바 있습니다. 그것을 포함하여 앞으로 30~40년 동안 무엇을 추구할 것인지 장기적인 삶의 목표를 정하되 현실적으로는 1~5년 정도의 단기 목표를 세우는 것도 중요합니다. 그리고 그것을 달성하기 위해 1일, 1주일 또는 1개월 단위로 무엇을 해야 할지, 어떻게 실현할 것인지 일과표에 반영하여야 합니다.

5. 가족과 함께하는 일정을 정할 것

퇴직 후, 노후로 갈수록 가족의 소중함은 절대적입니다. 따라서 함께 영화를 보거나 여행을 하는 것, 외식이나 직접 요리를 해보는 것 등 가족과의 일정을 미리 정하고 실천해야 합니다.

어떻습니까? 이런 기준과 요령에 따라 하루, 주간, 월간의 일과표를 구성해보세요. 그리고 찬찬히 다시 점검해보시죠. 정말 기준에 맞는지, 당신다운 일과표가 됐는지, 그렇게 살아도 되는 건지 말입니다.

이제 남은 것은 실행하는 것입니다. 그리고도 잘못된 것은 계속 유연하게 조정하면서 행복하게 살아야 합니다. 왜냐면 인생의 궁극적인 목적은 '일'에 있는 것이 아니라 '행복'에 있는 것이니까 말입니다.

은퇴경쟁령을
키워라

2부

멋진 노후 만들기

24.

롤모델에게서
배운다

　퇴직과 은퇴 이후 어떤 형태의 삶을 살 것인지, 누구를 롤모델로 할 것인지는 사람마다 당연히 다릅니다. 어떤 이는 자신의 부모가 롤모델일 수도 있고, 어떤 이는 역사적 인물이 삶의 자극을 주는 원동력이 될 수 있습니다. 그가 누구든 상관없습니다. 자신이 그를 머리에 떠올릴 때마다 옷깃을 여미게 하고 삶의 궤도를 돌아보게 하면 충분합니다.

　당신은 과연 누가 롤모델입니까? 어떤 사람이 멋진 노후의 표상이라고 봅니까? 여기에 두 사람의 모델을 소개하겠습니다. 한 사람은 내가 영어이름을 '샌더스 조'라고 작명하는 데 영향을 미친 사람이고 또 한 사람은 나의 지인이 들려준 사례입니다. 삶의 형태는 완전히 다르지만 큰 자극이 되리라 봅니다.

커넬 샌더스의 경우

내가 〈한국샌더스은퇴학교〉를 만들 때 그 이름을 어떻게 만들게 됐는지 앞에서 말했습니다. 그 영감을 준 한 사람이 커널 샌더스라고 했습니다. 켄터키 할아버지로 잘 알려진 치킨 체인점 KFC의 창업주 그 사람 말입니다. 그의 본명은 할랜드 데이비드 샌더스Harland David Sanders입니다. 그의 인생은 파란만장하지만 우리들에게 많은 교훈을 줍니다. 성공에 이르는 길이 어떤 것인지, 은퇴와 노후란 과연 어떤 것인지, 창업은 어떻게 하는 것인지, 그리고 인생은 끝까지 가봐야 안다는 것에 이르기까지 말입니다.

그는 1890년 9월, 미국 인디애나주 헨리빌Henryville에서 태어났습니다. 5세 때 아버지를 여의자 어머니가 토마토 통조림 공장 등에서 아버지를 대신하여 일을 해야 했으므로 어린 시절부터 가사를 챙겨야 했습니다.

10세 때는 이미 다른 집의 농장에서 노동을 했습니다. 1902년, 어머니가 재혼한 뒤 의붓아버지의 폭력을 피해 집을 나왔고 여러 곳을 전전하다가 1906년 10월, 16세 때 나이를 속여 군에 입대하여 쿠바에서 트럭 운전병으로 군 생활을 하고 이듬해 2월 제대했습니다. 그리고는 삼촌이 일하고 있던 철도회사에 일자리를 얻습니다.

1909년, 샌더스가 웨스턴 철도에서 일하던 때에 조세핀을 만나게 되고 그 후에 결혼하게 됩니다. 그는 직장을 옮기는 가운데서도 밤에 통신대학과정으로 법을 공부하여 나중에 변호사 일도 하게 됩니다.

그의 젊은 날은 불운의 연속이었습니다. 그는 일자리에 따라 수없이 이사를 다니고 가족과 헤어져 있는 등 어려운 생활을 했습니다. 그는 KFC 로고에서 보이는 인자한 미소와는 다르게 불 같은 성격이었던 것 같습니다. 동료와의 말다툼으로 직장을 잃는가 하면, 1916년 푸르덴셜 생명보험회사에서 일할 때는 불복종의 사유로 해고되기도 합니다.

1920년에는 오하이오 강을 오가는 나룻배 회사를 설립합니다. 또한 아세틸렌 램프회사를 만들기도 했으나 전기램프가 생김으로써 실패하고 맙니다. 그 후, 켄터키 주 윈체스터로 가 미쉐린 타이어에서 세일즈맨으로 일했지만 공장이 문을 닫는 바람에 또 직업을 잃습니다. 1924년, 그의 나이 34세 때입니다.

이때, 그가 나중에 후라이드 치킨과 연결되는 주유소 운영에 관여하게 됩니다. 우연히 만난 스탠더드 오일의 매니저의 권유로 주유소 운영에 손을 대지만 대공황으로 인하여 소비가 급감함으로써 문을 닫게 되고, 곧이어 셸 석유회사의 주유소를 켄터키의 노스 코빈에서 운영하게 됩니다(1930년). 이때 샌더스는 주유소 한편에서 닭고기 요리를 비롯한 약간의 음식을 제공하는 식당업과 모텔업을 병행합니다. 장거리를 운행하는 운전자나 주유하는 고객에 대한 부가 서비스인 셈이죠.

그는 독특한 사업방식과 서비스로 유명해졌습니다. 일단 성공적이었습니다. 닭요리가 인기를 끌자 '샌더스 카페Harland Sanders Café and Museuum'라고 이름붙인 식당을 개업하였고, 그만의 닭튀김 조리법을 개발하였습니다. 당시 널리 사용되던 팬튀김 방식보다 조리시간이 빠른 압력튀김 방식을 개발한 것입니다. 이렇게 이름이 난 그는 그런 일로 인하여 1935년, 주지사 루비 라푼Ruby Laffoon로부터 '켄터키 커널Kentucky Colonel'이라는 호칭을 부여받게 됩니다.

켄터키 주에서는 지역사회 발전에 기여한 사람에게 '켄터키 커널'이라는 호칭을 수여합니다. 1813년부터 시작된 이 전통은 켄터키 주에서 부여하는 최고의 영예로서 그때부터 그의 이름 앞에 '대령'이라는 의미의 '커널'이 들어간 것입니다.

그의 음식에 대한 평판이 소문나면서 1939년에, 음식 평론가 던컨 하인즈는 그의 식당을 방문해보고 미국 전역의 좋은 레스토랑을 소개하는 〈Adventures in Good Eating〉에 소개해주기도 합니다.

그해 11월 성공적으로 운영되던 노스 코빈의 식당과 모텔이 화제로 파괴되지만 오뚝이처럼 다시 일어서 140석 규모의 레스토랑 모텔로 재건합니다. 이즈음(1940년) 그만의 프라이드 치킨의 특별한 레시피가 완성됩니다. 그리고 2차 세계대전에 미국이 참전하게 됨으로써 다시 사업은 침체기로 들어갑니다.

1941년에 또다시 재기하여 성공하게 되나 1950년대에 미국이 전 국토의 도로근대화 계획에 따라 고속도로를 만들어

우회도로가 만들어짐으로써 경영이 극도로 악화되어 결국 파
산하고 맙니다. 그때 그의 나이 66세(1956년)였습니다.

(그 사이에 첫 부인 조세핀과 이혼하게 되고(1947년), 1949년 클라우디와 재
혼한다. 이 양반, 하여튼 파란만장하다.)

그 당시의 사회적 관념으로 66세의 나이면 자타가 공인하
는 '노인'입니다. 이제 인생을 마무리할 때라 생각합니다. 더
구나 모진 세파에 시달렸기에 이젠 지칠 때도 됐습니다. 그러
나 그는 포기하지 않고 다시 도전합니다. 그때 그에게 남은 재
산은 사회보장연금 형태로 매월 지급되는 105달러와 약간의
저축이 모두였습니다.

66세의 노인이 이제 무엇을 할 수 있을까요? 그러나 그는
젊은 날의 여정이 보여주듯 또 일어서기로 작정합니다. 그런
면에서 젊은 날의 실패는 성공의 디딤돌이 될 수 있음을 깨닫
게 됩니다. 모든 사람들이 이제는 끝장이라고 생각하던 그때,
그는 나이도 돈도 성공에 있어서 결정적인 장애가 아니라는
믿음 하나로 인생을 건 한판 승부를 벌입니다.

그는 중고 자동차에 자신의 유일한 재산인 '후라이드 치킨'
요리법을 들고 전국의 식당들을 찾아다녔습니다. 자신만의 특
별한 닭튀김 기술과 압력 요리비법을 다른 식당주인들에게 전
수해 주는 프랜차이즈 사업을 시작하기로 한 것입니다. 그리
고 1,008군데의 식당과 식품대리점을 찾아다니며 설득했으나
번번이 거절을 당하고 1,009번째에 드디어 인생의 새로운 길

이 열렸습니다(인터넷 사전 〈위키백과〉에는 1009회째에 웬디즈 올드 패션 드 버거즈의 창립자인 데이브 토마스가 샌더스를 후원하여 식당을 유지하게 해주었다고 되어있다. 또한 1008번의 거절이냐 1009번의 거절이냐에 대하여는 미국의 자료에도 다르게 나온다. 〈yourstory〉에는 1009번의 거절을 당했다고 나온다. 사실 정확한 거절횟수는 중요하지 않다. 1천여 회가 넘을 정도로 도전했다는 것이 중요한 것이다).

샌더스의 성공신화에서 중요한 인물이 한 사람 있습니다. 샌더스가 파산하기 4년 전쯤 레스토랑협회 만찬장에서 만나 알고 지내던 피터 허먼Peter Herman인데 샌더스의 치킨 맛에 매료되어 그와 함께 사업을 하기로 하면서 프랜차이즈의 새로운 세상이 열린 것입니다. 켄터키 프라이드 치킨KFC이라는 이름도 피터 허먼의 아이디어로 알려져 있는데, 자료를 종합해 보면 그가 자신의 레스토랑의 이름을 바꾸려 했을 때 간판을 만들었던 간판장이 돈 앤더슨Don Anderson의 아이디어가 맞는 것 같습니다.(http://www.foxnews.com/leisure/2015/08/03/things-didnt-know-about-kentucky-fried-chicken/참조)

어떻습니까? 샌더스의 불굴의 도전정신이 말입니다. 그간의 세월이 얼마나 힘들고 고통스러웠으면 그는 열차길 주위를 걷지 않았다고 합니다. 자신도 모르게 열차에 뛰어들어 자살할 것 같아서 말입니다.

포기를 모르고 기어이 자신의 꿈을 이룬 커넬 샌더스. 하는 일마다 실패를 거듭한 한 노인이 인생의 끈질긴 도전으로 막판에 역전승을 거둔 것입니다. 그는 1980년 12월 16일, 90세의 나이로 세상을 떠나 그의 트레이드마크인 하얀 정장과 검은색 넥타이를 맨 차림새로 루이즈빌에 잠들었습니다. 그때 전 세계의 KFC매장은 9천 개에 달했고, 2000년에는 미국 비즈니스 명예의 전당U.S. Business Hall of Fame에 그의 이름이 올랐습니다.

샌더스의 KFC는 세계로 뻗어나갔지만 한편에서는 '절반의 성공'으로 평가되기도 합니다. 매장이 크게 확장되면서 더 이상 감당하기가 힘들게 되자 고민 끝에 1964년 매각했는데 겨우 200만 달러(현재의 가치로 환산하면 1500만 달러)에 불과했기 때문입니다. 그가 매각을 서두른 것은 그동안의 실패가 인생을 포기하지 않게 만들었지만, 한편으로는 또다시 실패할 것에 대한 두려움이 작용했기 때문이라는 분석도 있습니다. 그때 그의 나이는 이미 74세였으니까요. 그는 나중에 그 매각을 후회했다고 하지만, 90세로 사망할 때까지 세계 곳곳을 다니며 KFC를 홍보하는 명예이사로 남았습니다.

그가 세상을 떠나고 40여 년이 지난 오늘날, 전 세계에 자리한 'KFC' 매장 앞에는 흰 옷을 입은 그가 지팡이를 손에 쥐고 서있습니다. 마치 우리에게 "절대 포기하지 말라" "끝까지 도전하라" "인생은 끝까지 가봐야 안다"는 충고를 해주고 있듯이 말입니다.

누가 뭐래도, 그는 끈질긴 도전과 독한 정신으로 자신만의 세상을 창조하여 크게 성공한 사람으로 퇴직, 은퇴자는 물론이요 젊은이들에게도 롤모델이 될 수 있는 사람임에 틀림없습니다.*

어느 할아버지 점원의 경우

다음은 나의 지인이 알려준 사례입니다. 미국 LA의 대형 아웃렛. 그날은 초대박 세일 행사가 있는 날이었습니다. 별생각 없이 그곳에 들렀다가 대박을 맞았다고 생각한 그(나의 지인)는 평소에 입고 싶어 하던 청바지를 구입할 수 있는 절호의 기회다 싶어 청바지 코너에 들렀습니다.

들뜬 마음에 이것저것 여러 번 옷을 갈아입으며 몸에 맞는 옷을 고르기 위해 피팅룸을 들락거렸습니다. 그러다 보니 판매대 위에 그가 벗어놓은 옷이 쌓였습니다. 당연히 점원에게 미안한 생각이 들었습니다. 그를 조용히 지켜보며 벗어놓은 옷을 곱게 접어 다시 매대에 올려놓는 점원이 노인이었기에 더욱 그랬습니다. 나중에 알았지만 흑인인 그 할아버지는 나이가 85세라 했습니다. 85세!

할아버지를 불편하게 한 것이 미안했던 그는 송구한 표정

---

* 이상의 스토리는 https://en.wikipedia.org/wiki/Colonel_Sanders http://bestan.tistory.com/137와 〈1008번의 실패, 1009번째의 성공〉(최은영 지음), 그리고 앞의 본문에 부기한 여러 자료를 참고하여 재구성하였다.

으로 "죄송합니다"라고 인사를 했습니다. 그러자 그 할아버지 점원은 웃는 얼굴로 "Why sorry? You spent your money, I did my work"라고 말했습니다.

"너는 네 돈을 쓰는 거고 나는 내 일을 하는 건데 뭐가 미안하냐?"는 말입니다. 그리고는 할아버지는 긴장해하는 동양인 청년의 등을 툭 치며, 신경 쓰지 말고 계속 옷을 갈아입으라고 했습니다.

그 흑인 할아버지의 말은 곧 '너처럼 젊은이가 돈을 쓰니까, 나처럼 나이 든 노인이 할 일이 있다'는 말로 그에게 다가왔습니다.

그 일로 말문이 터져서 대화를 나눠본 결과 그 흑인 할아버지는 젊은 날에 뉴욕에서 박물관 경비원으로 일하다 퇴직했답니다. 그리고는 노후 생활을 즐기기 위해 25년 전에(그러니까 60살 때다) 아내와 함께 캘리포니아로 이주해왔고, 남는 시간이 많아 아웃렛의 청바지 코너에서 하루 4시간 정도 파트타임으로 일한다는 것이었습니다.

위 사례는 이따금 소식을 나누는 KBS 이성민 아나운서가 노후문제를 다룬 책 《100세 시대, 다시 청춘》에서 소개한 그의 에피소드를 다듬은 것입니다. 다시 한 번 잘 읽어보세요. 노후를 어떻게 살아야 할지, 어디서 살아야 할지, 그리고 어떻게 일해야 하는지, 노인의 지혜가 무엇인지, 직업의식이 어떤 것인지 등을 함축하여 깨닫게 해줄 것입니다.

186

자, 어떻습니까? 그 밖에도 롤모델로 삼을 사람은 많고도 많습니다. 세계적인 인물에서부터 이웃의 평범한 노인에 이르기까지 말입니다. 꼭 명성을 떨친 사람이어야 모델이 되는 것은 아닙니다. 어쩌면 평범한 노인 중에서 정말로 노후를 멋지게 사는 사람을 발견할 수 있습니다. 오히려 따라 하기가 더 쉽다는 측면에서 더 좋은 롤모델이라 할 수도 있습니다. 어쨌거나 좋은 모델을 선정하여 따라 해보시죠. 노후의 삶의 질이 달라집니다.

25.
멋지게
나이드는 법

요즘은 노인이라는 말을 가급적 안 쓰려는 세태입니다. 60
세 이상 75세 노년을 '신新중년'이라 부른다죠. 그러나 아무리
新중년이라 하면 뭐합니까? 그에 걸맞게 매력이 있어야 합니
다. 멋지게 나이 들어야 합니다.

영국의 런던정치경제대학교 사회학과 교수를 지낸 캐서린
하킴Hakim은 '매력 자본Erotic Capital'이라는 개념을 만들어냈습
니다. 한마디로 매력이 능력이요 경쟁력이라는 말입니다. 물
론 그녀가 말하는 매력은 '잘생긴 외모'만을 뜻하는 것이 아닙
니다. 유머 감각이라든지 활력, 세련됨, 상대를 편안하게 하
는 기술 등, 다른 이의 호감을 살 수 있도록 하는 멋진 기술을
말합니다.

이런 멋진 기술은 나이가 들었다고 쇠퇴하지 않습니다. 오
히려 더 좋아질 수도 있습니다. 그것이 바로 경륜이요 나이 듦
의 지혜와 여유 아니겠습니까? 그럼 어떻게 하여 멋지게 나이

든 新중년이 될 수 있을까요? 아래의 5가지만이라도 충실하게 실천해보세요. '1·2·3·4·5'의 음을 따서 만들었습니다. 이것을 실행함으로써 당신은 매력자본을 갖춘 멋쟁이가 될 겁니다. 그리고 그것은 멋쟁이를 뛰어넘어 은퇴경쟁력이 됩니다.

매력 신중년 5계명

1. 일부러라도 자주 웃을 것

거리를 걷고 있거나 또는 지하철의 노약자석에 앉아 있는 노인들을 유심히 관찰해보세요. 많은 이의 인상이 무의식적으로 찌푸려져 있음을 발견하게 됩니다. 웃으세요. 자주 웃으세요. 아니 늘 웃는 얼굴을 해야 합니다. 대화를 할 때는 "허 허" 하며 소리 내어 웃어보세요. 일부러라도 그렇게 해야 합니다. 나이 들어 웃는 얼굴을 만드는 것, 그리고 잘 웃는 것이야말로 가장 중요한 매력 포인트가 됩니다.

2. 이러쿵저러쿵 따지지 말 것

나이 들어 세상사에 불평불만이 많은 것처럼 흉한 것이 없습니다. 그것은 젊은이들의 몫입니다. 불편한 게 있어도 그냥 넘어가세요. 마음에 여유를 가지세요. 이러쿵저러쿵 따지며 가르치려 하지 마세요. 웬만한 것은 양보하며 웃어넘기세요. 그래야 멋집니다.

3. 삼가라, 품격 잃는 짓을

삼갈 것은 확실히 삼가세요. 건널목을 무단횡단 하는 것이 나이든 이의 특권은 아닙니다. 음식도 깔끔히 먹고, 커피를 마실 때 후루룩 소리 내지 마세요. 술을 마신 후에 해롱거리지 말아야 하는 것도 기본입니다. 하고픈 말이 있더라도 중요한 것이 아니면 가급적 삼가고 흉한 행동도 삼가야 합니다. 노인이라고 다 같은 노인이 아닙니다. 유행을 외면하지 말고 외모도 가꿔야합니다. 그리하여 인생의 품격이 드러나도록 해야 합니다.

4. 사랑으로 충만할 것

악다구니 쓰지 맙시다. 세상을 선한 눈으로, 사랑의 마음으로 봅시다. 마음을 사랑으로 가득 채우세요. 인생을 관조하면 너와 나 모두가 불쌍한 존재임을 깨닫게 될 것입니다. 출세도 별 볼일 없는 것임을 깨닫게 됩니다. 그러면 목에 힘이 빠집니다. 표정이 따뜻해지고 말이 따사로워집니다.

5. 오늘을 만끽할 것

"왕년에 내가…" 그렇게 말하지 마세요. 또한 미래를 지나치게 걱정하지 마세요. 노인에게 내일은 없을지 모릅니다. 오늘 최선을 다하며 오늘을 즐기세요. 그래야 멋져 보입니다.

"아름다운 젊음은 우연한 자연현상이지만 아름다운 노년은 예술 작품입니다. 어제는 역사이고 내일은 미스터리이며 오늘은 선물입니다." 이 말은 루스벨트 대통령 부인인 엘레나 여사의 연설로 알려져 있습니다. 그렇습니다. 오늘은 선물입니다. 현재에 충실하며 만끽하기를 권합니다.

이 삽화는 필자가 그림그리기를 배워 직접 그린 것이다

늙어서 절대 해서는 안 될 7가지 행위

앞에서 밝혔듯이 블로그에 100일 동안 글을 써보기로 작심하고 열심히 글을 올리고 있던 어느 날. 지하철의 노약자석에서 나이 든 사람이 임산부를 폭행했다는 뉴스가 떴습니다. 폭행까지는 아니더라도 노인이 고함을 치며 젊은이를 훈계하고 몰아치는 장면은 심심치 않게 봅니다. 그 뉴스를 접하고 '늙어서 절대 해서는 안 될 7가지 행위'를 만들어 블로그에 올렸는데 5천3백여 명이 블로그를 방문하여 최고 기록을 수립했습니다. 그만큼 관심이 있다는 의미가 되겠죠.

(1) 쓸데없이 투덜거리지 말 것

마음에 여유를 찾으세요. 혼잣말처럼, 쭝얼쭝얼 투덜거리지 말고요. 자기는 모르지만 옆에서 보기에 참 흉합니다.

(2) 노약자석을 독점권이 있는 것으로 생각 말 것

'노약자석'을 '약노자석'으로 바꾸면 좋겠습니다. 젊은이가 그 자리에 앉아 있다면 '그만한 사정이 있을 것'이라 생각합시다. 마치 자기 자리인양 행세하지 마세요. 넓은 아량을 갖는 노인이 돼야 합니다.

(3) 다짜고짜 반말하지 말 것

나이 먹은 것이 반말을 해도 된다는 허가를 얻은 것이 아닙니다. 아무에게나 반말하지 마세요. 반말하면 반발을 사는 것은 당연합니다. 상대를 높이지 않으면 나 또한 높임을 받지 못합니다.

(4) 질서를 무너뜨리지 말 것

나이는 무질서에 대한 면허증이 아닙니다. 지하철에서는 승객이 내린 다음에 타는 것은 상식입니다. 횡단보도가 아닌 곳을 멋대로 건너지 마세요. 새치기 하지 말고요. 추합니다.

(5) 남의 일에 참견 말 것

호기심이 있다는 것은 젊었다는 것을 의미하지만, 남의 일에 대한 괜한 호기심은 늙었다는 것을 의미합니다. 쓸데없이 콩 놔라 팥 놔라 하지 마세요.

(6) 고함지르듯 말하거나 통화하지 말 것

나이 들면 아무래도 청력이 떨어지고 그러다 보면 어느 정도 목소리가 커지는 것을 인정합니다. 그럼에도 하기 나름입니다. 버스나 전철 안에서, 그리고 길거리에서 고함치듯 통화하지 마세요. 음식점에서 고함치듯 말하지 말고요. 귀가 잘 안 들리는 특별한 사정이 없는 한 조심하고 신경 써서 말해야 합니다.

(7) 자기통제를 벗어던지지 말 것

사람이 있건 없건 방귀를 뀌거나, 트림을 하지 마세요. 나이 들고 늙을수록 행동을 가다듬어야 합니다. 진정으로 '경노'가 되려면 나이든 만큼 자기통제를 철저히 해야 합니다.

어떻습니까? 이런 것은 젊은이에게도 해당되지만 나이 들수록 더 조심해야 합니다. 똑같은 행위라도 나이든 사람이 하면 매우 추해지기 때문입니다. 물론 매너 있는 훌륭한 노인들이 더 많음을 잘 압니다. 그럼에도 가끔씩 터지는 일들이 노인 전체를 욕 먹이기에 만들어봤습니다. 이것은 나 자신에 대한 반성이기도 하고요.

나이 들수록 버릇들일 화법, 에스프레소

나이든 사람을 가리켜 '꼰대'라고 합니다. 그리고 그들의 화법을 커피에 비유하여 '라떼(Latte) 화법'이라고 하죠. 나이든 사람들이 "나 때는 말이야~"라며 과거를 회상하고 자신의 경험과 논리를 젊은이들에게 가르치려 하거나 강요하는 화법을 구사하기 때문입니다. 그래서 '나 때는 말이야'를 'Latte is horse'라고 표현하기도 합니다.

'라떼 화법'은 과거지향의 화법임과 동시에 거들먹거리는 화법이요 권위적 화법입니다. 그래서 젊은이들이 싫어하는 것입니다.

그럼 나이 들수록 어떤 화법으로 말하는 게 좋을까요? '라떼 화법'을 대체할 화법은 없을까를 깊이 궁리하다가 내가 만들어낸 새로운 화법이 바로 '에스프레소 화법'입니다. 역시 커피 에스프레소(Espresso)를 인용하여 대칭되는 화법을 창안하였습니다.

커피 '라떼'를 계속 읊으면 '나 때'가 떠오르듯이 '에스프레소'를 계속 읊조리면 '예스, 플리즈(Yea, Please)'가 생각납니다. 그러니까 '에스프레소 화법'이란 '예스플리즈 화법'이 됩니다. 그 어휘에서 알 수 있듯이 긍정(예스)의 화법이며 겸손(플리즈)의 화법입니다. 가르치거나 강요하는 권위적인 화법이 아니라 제의하고 토론하는 화법입니다.

사람들과 커피를 마시며 대화를 할 때마다 '에스프레소 화법'을 잊지 마세요. 설령 라떼 커피를 마실지언정 머릿속에서는 에스프레소를 떠올리시시며 다짐하세요. 예스플리즈!

26

가늘어도
명품인생

하루에 한 번, TV 저녁뉴스는 빼놓지 않고 봅니다. 그런데 요즘은 뉴스를 보는 게 짜증이 나거나 속상할 때가 많습니다. 단 하루도 편할 날이 없는 것 같습니다. 꽤나 성공했다는 사람이 이런 저런 부정에 연루되어 검찰청의 포토라인에 서서 카메라 플래시 세례를 받거나, 또는 삶의 고통을 이기지 못하고 극단적 선택으로 생을 마감하는 걸 보면 도대체 우리는 무엇을 위하여 사는 건지 헷갈리기도 합니다.

얼마 전, 부부동반 모임에 갔는데 잘나가던 사람들, 소위 출세했다는 사람들이 온갖 수모를 겪으며 하루아침에 곤두박질하는 TV뉴스를 보면서 누군가가 결론처럼 말했습니다.

"출세고 뭐고, 가늘고 길게 사는 게 최고예요."

그 말을 듣고 일제히 화답했습니다.

"맞아, 맞아!"

(어쩌면 '출세'를 못 했기에 그렇게 의기투합이 됐는지도 모르겠다)

오래 사는 것이 이기는 것

그런 대화를 나누다가 문득 떠오른 이가 있습니다. 우리나라 현대정치사의 산증인이라 일컬어지며 한 시대를 풍미했던 고 김종필 전 국무총리입니다. 그가 별세(2018년 6월, 92세로 세상을 떠남)하기 전 이런 말을 남겼습니다. "정치는 허업이다. 인생을 졸업한다는 의미의 졸수卒壽(90세)가 되니 알겠다. 내가 도대체 남긴 게 무엇인지 한탄만 나온다"고. 한마디로 인생이 별거 아니라는 말입니다. 원래 박학다식하여 의미심장한 표현을 즐기는(?) 사람인데 사람들에게 이런 말도 했답니다.

"대통령 하면 뭐하나. 다 거품 같은 거지…. 어떤 사람이 성공한 사람이냐면, 미운사람 죽는 걸 확인하고 오랫동안 아프지 않고 편안히 있다가 편안히 숨을 거두는 사람이 승자야."

그의 말을 들으면서 나의 서가를 둘러봤습니다. 나의 서가에 있는 가장 오래된 책의 하나가 바로 그가 쓴 책입니다. 1971년 6월에 발간된 것을 7월에 산 것으로 표지 뒷면에 기록돼있으니 50년이 넘었습니다. 아직도 보관하고 있을 만큼 젊은 날에 나는 그를 인간적으로 좋아했는데 그 당시에도 같은 뜻의 말을 했던 것으로 분명히 기억합니다.

"오래 사는 것이 원수 갚는 거야."

한마디로, 뭐니 뭐니 해도 건강하게 오래 사는 것이 성공이라는 것이요, 말을 바꾸면 가늘더라도 길게 행복하게 사는 것이 성공이라는 의미도 되겠습니다.

UN에서 세계 인류의 체질과 평균수명에 대한 측정을 하여 연령분류의 새로운 5단계 표준을 발표했답니다(실제로 유엔에서 그렇게 했는지 확인하지는 않았다). 아마 당신도 알고 있을 것입니다. 그에 의하면 0세~17세까지는 미성년자, 18세~65세까지는 청년, 66세~79세까지는 중년, 80세~99세까지는 노년, 그리고 100세 이후는 장수노인이라고 합니다.

요즘 그 기준을 들먹이며 '으쓱' 젊은 티를 내는 고령자들이 많아졌습니다. 이렇게 젊음이 연장되고 수명이 늘어난 세태에 적응하기 위해서라도 가늘고 길게 사는 것은 삶의 훌륭한 지혜가 될 수 있다는 생각이 듭니다. 문제는 연장된 젊음과 늘어난 수명은 좋은데 무슨 일을 하며 버티느냐 일 것입니다.

그래선지 요즘 들어 나를 찾는 사람이 종종 있습니다. 이름을 대면 알만한 소위 일류기업의 간부급으로 막 퇴직을 했거나 퇴직을 앞둔 사람들이 내게 시간을 내달랍니다. 생면부지임에도 만나자는 제의를 하는 것입니다. 그들에게는 공통된 고민이 있습니다. 그동안 '굵게 살려고' 애써왔는데 막상 퇴직 이후를 생각하니 어떻게 '가늘게나마' 길게 살 것인지 한 수 가르쳐달라는 겁니다. 굵게 살려고 발버둥 쳐서 여기까지 왔지만 막상 100세 시대를 살아갈 준비가 별로 안 돼 있는 것입니다.

뚜렷한 족적과 역사를 만들어야

이런 세태 때문인지, 요즘 갑자기 가늘고 길게 살기를 삶의 지혜로 이야기 하는 사람들이 늘어났습니다. 그런 모습을 잘 상징하는 것이, 공무원이 인기직업 1위에 오르고 있는 현상이라고 분석한 사람도 있습니다. 열정으로 펄펄 끓어야 할 청춘들이 정년보장과 노후보장(연금)의 매력에 이끌려 공무원이 되고자 하는 것은 '가늘고 길게 살기'의 지혜가 반영된 것이라는 겁니다(나는 그런 분석에 동의하지 않는다. 공무원이 가늘고 길게 사는 것의 '전형'은 아니기 때문이다).

그뿐이 아닙니다. 신이 내린 직장이라 할 금융기관에 소위 '鄭과장'이 버티고 있어서 골머리를 앓는다 합니다. 은행별로 적게는 300여 명에서 많게는 1000여 명까지 '정과장'들이 포진해 있다네요. '정과장'은 TV예능프로그램 무한도전의 '무한상사'에서 하는 일 없이 먹을 것만 밝히며 월급만 축내는 '정과장'에게서 따온 별명입니다. 이들은 은행원의 꽃이라는 지점장의 꿈을 버린 채, 승포자(승진을 포기한 채 정년만 채우자는 사람)를 자처하며 부지점장이나 차장에 안주하면서 1억 원이 넘는 연봉을 챙기며 '유유자적'합니다. 한마디로 '가늘고 길게 살기'로 작심하고 실천하는 사람들입니다.

결론을 내리겠습니다. 이상의 이야기들을 보면서 당신은 어떤 생각을 합니까? 어떤 유형에 속합니까? 짧고 굵게 살 것인지, 굵고 길게 살 것인지, 아니면 가늘고 길게 살 것인지는 오직 당신의 몫입니다. 그러나 한 번 왔다 가는 인생 자체가 지극히 짧은 것임을 감안한다면, 굵고 가늘고를 떠나서 당신 나름의 뚜렷한 족적과 역사를 만들어야 하지 않겠습니까? 굵어도 부실하고 썩은 것이 있는 반면에, 가늘더라도 알차고 빛나는 것이 있듯이 말입니다.

어떻게 사는 것이 제대로 사는 것인지 심각하게 헷갈리는 요즘이기에 이런 저런 생각을 해봤습니다. 아무쪼록 가늘어도 명품인생을 사시기 바랍니다. 당신은 어떻습니까?

27

자기를 젊게
관리하라

나이 들면서 젊어 보이는 것은 좋은 일입니다. 아니, 노후에 가급적이면 젊게 보이도록 자신을 관리해야 합니다. 더구나 일자리를 원하는 사람이라면 그래야 경쟁력이 있습니다.

'젊은 노후'는 결심이나 각오만으로 되지는 않습니다. 조상 덕분에 태생적으로 동안이 아니라면 많은 노력을 기울여야 가능합니다. 동창회에 나가 보면 같은 또래이면서도 젊어 보이는 사람과 늙어 보이는 사람이 있습니다. 둘을 비교해보면 심한 경우 15년 정도의 차이가 나기도 합니다. 물론 체질적인 문제도 없지 않지만 스스로를 어떻게 관리했느냐에 따라 달라질 것입니다.

그럼 어떻게 하면 젊어 보일 수 있을까요? 조상의 은덕을 못 입은 사람은 어떻게 해야 할까요? 당연히 관리를 해야죠. 꼭 '동안'이어야 젊어 보이는 것은 아닙니다. 때로는 언행이 더 중요한 요인일 수도 있습니다. 그런 의미에서 자신을 젊게 관리하는 요령 몇 가지를 소개합니다.

첫째는 옷차림입니다.

나이 들수록 유행에 따라 옷차림을 해야 합니다. 돈이 없다고요? 그러지 마세요. 문제는 결단입니다. 연예인처럼 가꾸라는 게 아닙니다. 값싸고도 자신을 젊게 보일 옷차림을 연구해보세요. 옷차림이 중요한 것은 그것이 '의식'을 좌우하고 결국 언행을 바꾸기 때문입니다.

복식심리학에 의하면 사람은 어떤 옷차림을 했느냐에 따라 정신(의식)이 바뀝니다. 정신이 바뀌면 언행이 바뀌는 것은 당연하고요. 나는 요즘 청바지차림으로 강의하는 빈도를 늘리고 있는데 반응이 괜찮습니다. 이것이야말로 나이든 사람이 누릴 수 있는 '자유' 아니겠습니까?

둘째는 걸음걸이입니다.

대관령의 용평에 놀러갔다가 80대 초반의 노신사 두 사람을 우연히 만났습니다. 초등학교 동창이라 했습니다. 우리 일행이 그들을 보고 감탄한 것은 그들의 걸음걸이었습니다. 한 사람은 평범한 노인의 모습 그대로였는데 한 사람은 걷는 모습이 너무 멋있었습니다. 조금은 으스대며 걷는 듯했는데 자세가 곧고 당당했습니다. 품격 있고 아름답기까지 했습니다. 오죽하면 그들을 보고 난 후 우리 모두는 걸음걸이를 고쳐야겠다면서 걷는 모습을 서로 봐주며 품평회(?)를 했겠습니까. 나도 그때부터 걸음걸이에 많은 신경을 씁니다.

허리와 가슴을 펴고 목을 쳐들지 말고 머리정수리를 하늘에서 잡아당긴다는 기분으로 걸으세요. 그리고 가급적 빠른 걸음으로 두 팔을 휘저으며 활기차게 걸어야 합니다. 꼭 그렇게 하세요.

셋째는 말투입니다.

나이가 들면 '노인말투'로 바뀝니다. 개그맨들이 TV에서 노인말투를 흉내 내는 걸 유심히 보세요. (1)어깨를 구부리고 (2)목소리를 높이며 (3)말꼬리를 길게 늘어뜨리며 말합니다. 이 것이 바로 노인말투의 특징이라는 의미가 됩니다. 그 중에서 (2)번과 (3)번에 유의하세요.

노인말투를 벗어나는 요령은 일단 목소리를 낮추고 발음은 또박또박, 말의 속도를 빠르게 하며, 절대로 끝을 끌지 않는 것입니다. 나 역시 노인말투에 물들지 않으려고 홀로 있을 때 수시로 말투를 연습해봅니다.

447788

명예 퇴직한지 수 년이 지난 후배를 만났는데 깜짝 놀랐습니다. 성형수술을 했더군요. 처진 눈꼬리를 올리기 위해서랍니다. 유심히 보니 눈 외에도 몇 군데 약간의 손질을 한 것 같았습니다. 환갑을 넘긴 남자가 성형을? 그게 어때서요. 중요한 것은 그의 표정과 말투, 그리고 행동이 오히려 현직에 있을 때보다 더 밝고 활기찼다는 사실입니다. 그는 의식했는지 모르지만 알게 모르게 자신감이 배어났습니다. 그가 참 멋지게 보였습니다. 자신을 젊게 관리하려는 그 정신자세가 돋보였습니다(그리고 얼마 후에 또 만났을 때 그는 취업이 되어 있었다. 성형의 효과가 조금은 작용하지 않았을까?).

일본의 신경학 권위자인 도모나가 마사노리 박사는 젊음을 유지하는 비결로 '의태role play의 생활화'를 권했습니다. 즉 의도적으로 '척'하면서 살라는 것입니다. 일부러 새로운 유행에 따르고, 일부러 젊은이답게 행동하고, 일부러 젊은 사람처럼 일하고, 일부러 젊게 말하라는 것입니다. '일부러 젊은 척' 말하고 행동하다 보면 그것이 몸에 배고 머리에 익어서 실제로 젊음을 유지할 수 있다는 것입니다.

가는 세월을 누가 말리겠습니까? 그러나 100세 시대를 말하면서 50대를 넘자마자 팍 늙게 행동하는 것은 나머지 세월을 포기하는 것에 다름 아닙니다. 자신을 젊게 관리하는 것은 단순히 외모의 경쟁력 차원이 아닙니다. 그래야 결국 젊게 살 수 있고 오래토록 활기차게 인생을 즐길 수 있기 때문입니다. 일을 할 수도 있고요.

한때 '9988'이 노후의 희망처럼 회자됐습니다. 99세까지 88

하게 살겠다고요. 그러나 사실 99세에 팔팔한 사람은 거의 없습니다. 그러니 부질없는 희망이요 헛구호입니다. 그래서 나는 447788을 강조합니다. 내가 만든 구호입니다. 9988보다 더 중요하고도 현실적인 구호가 447788입니다. 447788? '사는 데까지 사시되 칠칠하고 팔팔하게 살자'는 의미입니다.

그렇습니다. 사람은 누구든 언제 세상을 떠날지 모릅니다. 그러니 사는 데까지는 멋지게 팔팔하게 살아야 합니다. '447788'. 이 신조어가 노후의 삶에 대한 유행어가 될지 모르겠습니다(그 후 '444444'라는 구호를 발표했다. '사는 데까지 사시되 사랑하며 사시고 사람답게 사시라'는 의미인데 어느 쪽을 선호할 것인지는 당신의 몫이다).

28.

당신은
얼마나 젊은가?

갈 길은 아직도 멀고 할 일은 많습니다. 지나간 세월만큼이나 긴 시간을 살아야 할 텐데 가야 할 긴 세월, 먼 길을 위해서라도 당신 스스로를 젊게 관리해야 합니다. 그리하여 육체적, 정신적으로 '만년 젊은이'가 될 수 있게 해야 합니다. 그것이 백세시대를 사는 지혜요 은퇴경쟁력이 될 것입니다.

'젊음지수Youth Quotient'라는 것이 있습니다. 얼마나 젊게 생각하고 젊게 살고 있는지를 나타내는 지수로, 미국의 작가 팀 드레이크Tim Drake와 경영 컨설턴트 크리스 미들턴Chris Middleton의 책 《YQ, 당신의 젊음지수는 얼마입니까》에서 처음 쓴 말로 알려져 있습니다. 그 후 여러 사람 또는 연구소에서 젊음과 늙음을 비교하는 체크리스트들을 제시했는데 아무래도 우리들의 직장문화와 현실에 맞지 않습니다.

그래서 내가 여러 항목을 조정하여 새로운 '젊음지수'를 만들어 나의 책 《소통의 원리》에서 공개했습니다. 그것을 여기에 소개합니다. 항목마다 앞의 ( ) 속에 체크되는 것이 많을 수록 젊은이 쪽에 가깝습니다. 즉 나이를 불문하고 YQ가 높다는 말입니다. 아무쪼록 앞부분에 해당되는 것이 많도록 자기관리를 해보는 것은 어떨까요?(이 지수의 과학적, 통계학적 근거가 있냐고 따지지 마세요. 괜한 시비로 따지기 좋아하면 늙은 겁니다.)

YQ 체크리스트

01. ( ) 희망을 말하는가, 회한을 말하는가

02. ( ) 미래를 말하는가, 과거를 말하는가

03. ( ) 삶에 대해 말하는가, 죽음에 대해 말하는가

04. ( ) 하고 싶은 게 많은가, 하기 싫은 게 많은가

05. ( ) 도전하려는가, 도피하려는가

06. ( ) 말이 적은가, 말이 많은가

07. ( ) 낮은 소리로 말하는가, 큰 소리로 말하는가

08. ( ) 긍정하는가, 부정 · 불평하는가

09. ( ) 대화하는가, 일방적인가

10. ( ) 소통하는가, 호통치는가

11. ( ) 배우려 하는가, 가르치려 하는가

12. ( ) 적극적인가, 소극적인가

13. ( ) 열정이 있는가, 열만 내는가

14. ( ) 호기심이 많은가, 무관심한가

15. ( ) 발상이 유연한가, 옹고집인가

16. ( ) 교통신호를 지키는가, 무단 횡단하는가

17. ( ) 순서를 지키는가, 새치기하는가

18. ( ) 청렴한가, 부정한가

19. ( ) 원칙으로 하는가, 반칙으로 하는가

20. ( ) 처신이 깔끔한가, 너저분한가

21. ( ) 웃음에 찬 얼굴인가, 우수에 찬 얼굴인가

22. ( ) 잘 웃는가, 무덤덤한가

23. ( ) 빨리 행동하는가, 느리게 행동하는가

24. ( ) 많이 움직이는가, 쉬려고 하는가

25. ( ) 유행에 민감한가, 유행에 둔감한가

26. ( ) 겸손한가, 교만(안하무인)한가

27. ( ) 일을 찾아 하는가, 일을 피하는가

28. ( ) 운동을 챙기는가, 정력제를 챙기는가

29. ( ) 외모에 신경을 쓰는가, 관심이 없는가

30. ( ) 개선하며 살려고 하는가, 멋대로 살려고 하는가

인생을
즐기는 법

한국 갤럽이 전국의 성인을 대상으로 "살아가는 목표가 무엇이냐?"는 질문으로 설문조사를 한 적이 있습니다. 그에 대한 대답의 1위는 '자기가 하고 싶은 대로 즐기면서 사는 것'이었습니다(46.4%). 반면에 경제적 성공(8.7%)이나 높은 사회적 지위(3.8%)를 목표로 삼는 사람은 의외로 적습니다.

우리는 너 나 할 것 없이 인생을 즐기기를 소망합니다. 이는 예전에 나라 경제가 좋지 못하여 배고팠던 시절과 확연히 차이가 납니다. 배고픈 시절을 벗어나면 인간은 즐기기를 소망합니다. 멋지게 살고 싶어 합니다. 그러나 막상 인생을 즐기며 멋지게 사는 사람이 얼마나 될까요.

은퇴는 삶을 즐길 기회를 맞는 것

"아버지는 말하셨지, 인생을 즐겨라." 한때 유행하던 TV 광고음악의 한 구절입니다. 나중에 사람들이 "아버지는 망하셨지, 인생을 즐기다"라고 비틀어서 노래했지만, 어쨌거나 경쾌한 멜로디와 함께 유행하던 그 노랫말을 기억할 것입니다.

아버지가 아들에게 인생을 즐기라고 한 것은 왜일까요? 그것은 자기 인생에 대한 후회와 소망이 묻어있는 말입니다. 아버지로서는 일에 파묻혀 허덕이며 직장생활을 했지만 너만은 그렇게 살지 말라는 당부이기도 합니다. 살아보니 인생 별 것 없다는 결론의 의미이기도 하지요.

정말이지, 인생을 즐기며 살아야 합니다. 인생이 너무나 짧거든요. 나이 들수록 뼈저리게 느끼는 것이 바로 그 점입니다. 그러나 인생을 즐기라고 권하는 나도 돌아보면 별로 즐기지 못했습니다. 헐벗고 굶주리던 한 시대를 살아온 사람이었기에 어쩔 수 없었다고 변명을 해봅니다. 그러나 꼭 어렵던 시대를 살았기에 인생을 즐기지 못한 것은 아닙니다. 요즘의 신세대는 많이 달라졌다고 하지만 우리나라 사람들은 일반적으로 인생을 즐길 줄 모릅니다. '저 높은 곳을 향하여' 줄기차게 달리다가 꿈을 제대로 이루지도 못하고 생을 마감하는 사람이 대부분 아닐까 싶습니다.

내가 TV프로그램 중에서 가장 자주 보고 좋아하는 것이 여행관련 프로그램입니다. '걸어서 세계 속으로'를 비롯하여 '세계테마기행' 등 즐겁게 볼 만한 몇 개의 프로그램과 채널이 있습니다. 그 TV만 봐도 서양 사람들은 별 것 아닌 것에서도 즐거움을 찾고 행복해 합니다. 놀 줄을 알고 즐길 줄을 압니다.

다양한 취미생활을 통하여 삶의 즐거움을 만끽합니다(너무 그러다가 경제가 거덜 난 나라도 있지만).

그들에게서 인생을 즐기는 법을 배워야 합니다. 더구나 퇴직을 하여 일손에서 멀어지고 은퇴를 통해 여유시간이 생긴다는 것은 본격적으로 삶을 즐길 수 있는 기회를 맞는다는 의미가 됩니다. 완전한 은퇴 − 완퇴를 한다면 그거야말로 삶을 온전히 즐길 수 있는 때가 왔음을 뜻합니다. 그런 의미에서 인생은 60부터라는 말이 맞습니다. 돈이 있어야 즐긴다고요? 바로 그 발상을 바꿔야 합니다. 그 논리가 바로 인생을 즐길 줄 모르는 우리식 사고의 결과입니다.

인디언 노인에게서 배우는 지혜

삶을 즐긴다는 것이 무엇인지, 일을 즐기는 게 어떻게 하는 것인지를 공감할 수 있는 이야기를 소개합니다. 솔직히 이 스토리의 원본이 어디에 실렸는지는 모르겠습니다. 그러나 여러 버전으로 각색되며 돌아다니는 스토리는 이렇습니다. 여러분도 잘 아는 이야기죠.

멕시코시티의 그늘진 구석에 포타 라모라는 나이든 인디언이 있었습니다. 그는 양파 장수입니다. 그날도 그는 20여 줄의 양파를 매달아 팔고 있었습니다. 시카고에서 온 어떤 미국인이 그에게 다가와 묻습니다.

"양파 한 줄에 얼마요?"

"10센트입니다."

"두 줄은 얼마요?"

"20센트입니다."

"세 줄에는 얼마요?"

"30센트."

"세 줄을 사도 깎아 주지 않는군요. 세 줄을 25센트에 주실 래요?"

백인 미국인의 요구에 인디언 노인이 단호하게 말합니다.

"안 됩니다."

"그럼 20줄 전부를 사면 얼마에 팔겠소?"

"나는 전부를 팔지 않을 것입니다."

"안 판다니요? 당신은 양파를 팔기 위해 여기에 있는 것이 아닙니까?"

백인 미국인이 의아하게 생각하며 묻자 인디언 노인은 이렇 게 말했습니다.

"아니요. 나는 내 삶을 살려고 여기에 있습니다. 나는 이 시 장을 사랑합니다. 북적대는 사람들을 좋아하고, 서라피 모포 (멕시코나 중남미에서 어깨걸이나 무릎덮개 등에 쓰는 색깔이 화려한 모포)를 좋아합니다. 나는 햇빛을 사랑하고 바람에 흔들리는 종려나무 를 사랑합니다. 나는 친구들과 함께 담배를 피우고, 시장 통 아이들과 소란스레 얘기 나누는 것을 좋아합니다. 나는 여기서 사람들을 만나는 것이 얼마나 즐거운 일인지 날마다 느끼지요. 이게 바로 나의 삶입니다. 그 삶을 위해 나는 여기 이렇게 하루 종일 앉아서 양파를 팝니다. 그러니 내가 당신에게 이 양파를 몽땅 팔아 버린다면 내 하루는 그것으로 끝나버리고 맙니다. 그렇게 되면 나는 내가 사랑하는 것들을 다 잃게 되지요. 그러기에 그렇게 할 수는 없다는 것이죠."

선글라스를 낀 채 거만하게 서 있던 백인은 선글라스를 벗어들고 그 인디언 노인을 물끄러미 쳐다보았습니다. 가을 해가 남겨 놓은 그림자 속에서 그 백인은 인디언 노인보다 한없이 작아 보였습니다. 일과 인생을 사랑하고 즐길 줄 아는 인디언 노인이 상상됩니까?

즐긴다는 것은 무엇일까요? 이것도 사람마다 조금씩 정의가 다를 것입니다. 그럼에도 즐긴다는 것은 일단 긍정하는 것입니다. 긍정하려면 주위의 모든 것에 감사하게 되겠죠. 그럼으로써 행복해질 것입니다.

또한 즐긴다는 것은 열정적으로, 적극적으로 사는 것을 의미합니다. 웃으면서 흥겹게 사는 것입니다. 그리고 그것은 삶의 가치를 스스로 만들어내는 것입니다. 그러기에 때로는 일을 통하여 삶을 즐길 수도 있습니다.

은퇴에 관한 책들을 보면 한결같이 주장하는 게 있습니다. "이제부터 평생 하고 싶던 일을 하면서 살라"고 말입니다. 이 말을 뒤집으면 은퇴 이전의 직장생활에서는 하고 싶지 않은 일을 하고 살았다는 이야기가 됩니다.

사실, 우리의 직장생활은 하기 싫은 일을 하며 사는 경우가 많습니다. 목구멍이 포도청이니까요. 성공이나 출세로 이름난 사람들은 책이나 TV를 통해 늘 강조합니다. "자기가 하고 싶은 일을 하며 살라." "간절히 하고 싶은 일을 하라." "즐길 수 있는 일을 해야 성공한다." "미치도록 하고 싶은 일을 하라"고요. 그런 소리를 들으면 정말 미칠 지경이 됩니다. 미치도록 하고 싶은 일이 아무에게나 있는 게 아니니 내가 미칠 수밖에 없는 것입니다.

그렇게 주장하는 사람들 중에는 문화나 예술계통의 일을 직업으로 가진 사람이 많습니다. 그런 이들은 대개 '끼'가 있고, 꿈과 일이 일치되는 경우가 많아서 직업 자체가 그러하기에 미치도록 하고 싶은 일을 하는 경우가 대부분입니다. 그러나 보통의 샐러리맨 – 직장인에게는 그림의 떡입니다. 세상에, 하고 싶은 일을 하면서 직장생활을 하는 사람이 얼마나 될까요? "대통령도 못 해먹겠다"는 말이 나올 정도인데 하물며 샐러리맨 중에 미치도록 하고 싶은 일을 하는 사람이 몇이나 되겠습니까?

결론적으로, 그런 말에 현혹되지 마세요. 이론은 맞는데 현실은 그게 아닙니다. 그렇게 권하고 강조하는 사람들은 이미 성공했기에 그렇게 말할 수 있습니다. 어쩌면 본인도 착각하고 있는지 모릅니다. 원래는 어쩔 수없이 그런 일을 하게 됐는데 세월이 지나면서 몰입하게 되고 그 결과로 성공을 함으로써 원래부터 그 일을 좋아했던 것으로 착각한다는 말입니다.

피할 수 없다면 즐기자

나는 오히려 "하고 싶은 일을 하라"든가 "즐길 수 있는 일을 하라"기 보다는 "피할 수 없으면 즐기라"는 말을 권하고 싶습니다.

모든 일에는 '중독성'이 있습니다. 오락이나 도박 또는 마약만 중독성이 있는 게 아닙니다. 일도 중독성이 있고, 심지어 섹스도 중독성이 있다지 않습니까? 처음에는 별로 하기 싫던 일도 하다가 보면 좋아지게 되고 나중에는 중독이 된다는 말입니다. 회피하고 싶던 일인데 자꾸 하다 보니 의욕이 생기고 애착이 생겨서 나중에는 스스로 즐기며 하게 되는 수가 많습니다.

어떻습니까? 당신이 지금 하고 있는 일이 싫습니까? 다른 일을 하고 싶다면 그렇게 하세요. 그런데 현실적으로 다른 일을 찾기가 쉽지 않다면 생각을 바꾸세요. 회의하고 불평할 것이 아니라 긍정하고 수용하면서 지금 하고 있는 그 일을 즐기세요. 즐길 수 있는 일을 찾지 말고 지금 하는 일을 즐기세요. 웃으면서 신나게 하세요. 피할게 아니라 오히려 몰입하세요. 최고의 경지에 도달하도록 열심히 해보세요.

그러면 자신도 모르는 사이에 슬슬 중독이 되고 드디어 최고의 전문가, 최고의 고수가 되어 있는 당신을 발견할 수 있습니다. 크게 성공하게 됩니다. 그리고는 후배들에게 젊잖게 한 말씀할 것입니다. "성공하고 싶으면 간절히 하고 싶은 일을 하라"고 말입니다. 마치 당신이 처음부터 그렇게 함으로써 성공한 것처럼 말입니다. 드디어 당신도 착각에 빠지고 마는 것입니다.

영화 '버킷 리스트The Bucket List'를 아시죠? 암에 걸려 죽음을 앞둔 자동차 정비사 카터(모건 프리먼)는 대학 신입생 시절 철학 교수가 과제로 내주었던 '버킷 리스트'를 떠올립니다. 우연히 같은 병실을 쓰게 된 재벌 사업가 에드워드(잭 니콜슨)는 사업가답게 돈 안 되는 '리스트' 따위에는 관심이 없습니다.

그러나 죽음을 앞두고 두 남자는 너무나 다른 서로에게서 중요한 공통점을 발견합니다. '나는 누구인가'를 정리할 필요가 있다는 것, 얼마 남지 않은 시간 동안 '하고 싶던 일'을 다 해야겠다는 것이 바로 그것입니다. 죽음을 목전에 두고 의기투합한 두 사람은 '버킷 리스트'를 실행하기 위해 병원을 뛰쳐나가 여행길에 오릅니다.

표현은 거창하게 '죽기 전에 꼭 하고 싶은 일'이지만 그 리스트에는 시시콜콜한 것도 많습니다. 심지어, 문신하기, 가장 아름다운 소녀와 키스하기, 눈물 날 때까지 웃어보기 등등. 그렇게 인생의 기쁨을 찾아 나서며 실행에 옮긴 것을 목록에서 하나씩 지워나가던 두 사람은 결국 죽음에 이르고 맙니다. 그리고는 화장된 유골이 높은 설산에 묻힘으로써 마지막 목록이었던 '장엄한 것을 직접 보기'를 실행하게 됩니다.

그런데 이 영화에서 우리가 교훈으로 삼아야 할 것의 하나는 그렇게 하고 싶은 것들, 소중한 것들을 죽음 앞에서 깨닫게 된다면 너무 억울하다는 점입니다. 그러니 이제 퇴직과 은퇴를 맞아 훗날에 후회하지 말고 하고 싶은 것을 하세요. 그것을 즐기세요.

성공이란 과정입니다. 성공을 얻기 위해 무엇을 희생시키고 있는지 가끔 돌아봐야 합니다. 미래를 생각하는 것도 중요하지만 목적지가 아니라 여정을 사랑하는 법도 배워야 합니다. 인생을 산다는 것은 리허설이 아니라 실전이며 장담할 수 있는 것은 단지 오늘뿐이라는 사실도 인정하고 살아야 합니다.

폭발적 인기를 모았던 KBS 예능프로그램 '해피선데이 – 남자의 자격'. 그 프로그램에서 사람들의 이목을 집중시킨 사람은 합창단을 훈련시킨 박칼린 예술 감독입니다. 그가 훈련과정에서 멤버들에게 강조하던 말이 가슴에 남아있습니다. "즐기세요. 즐긴다는 것은 목표지향이 아니라 과정을 재미있게 받아들이는 것입니다." 그 말씀을 당신에게도 전하고 싶습니다.

30.

활기와 열정을
잃지 않으려면

퇴직이나 은퇴 이후의 2막인생에서 가장 조심해야 할 것의 하나는 무기력에 빠지는 것입니다. '나이는 숫자에 불과하다' 지만 실제로 나이 들면서 가장 절실히 느끼는 것은 저절로, 본능적으로 '귀찮아진다는 것'입니다. 남이 볼 때는 어떨지 몰라도, 나는 열정에 관한 한 남에게 뒤지지 않는 사람이라고 자부했습니다. 그리고 나의 늙어감을 꼼꼼히 체크해보고 있습니다. 어떤 변화가 일어나는지를 말입니다. 그래서 얻은 결론의 하나가 늙으면 귀찮아지는 DNA가 생긴다는 것이죠. 물론 과학적 근거를 조사하지는 않았습니다.

그뿐이 아닙니다. 직장생활의 스트레스가 없어진 대신에 또 다른 스트레스가 생깁니다. '나는 과연 뭐지?'라는 회의에서부터 미래에 대한 불안함, 늙어감으로써 발생하는 상실감에 이르기까지 여러 가지가 스트레스로 작용합니다.

퇴직을 하고 나이 들어갈수록 생리적으로 귀찮아지는 것과 더불어 현실적으로 발생하는 상실감이 상승작용을 하여 자칫하면 무기력에 빠질 수 있습니다. 이런 무력감을 잘 관리하지 않으면 심각한 우울증 등, 정서적 갈등에 시달리게 됩니다. 이렇게 되면 2막인생은 참으로 무료하고 지루한 인생이 되고 맙니다. 그럼 어떻게 무기력에 빠지지 않고 활기찬 은퇴생활을 할 수 있을까요? 요령은 많겠지만 7가지로 정리해봤습니다.

무기력에 빠지지 않는 7가지 방법

1. 은퇴의 가치와 의미, 목표를 확실히 인식할 것

은퇴는 몰락이 아닙니다. 만약 연금이나 재테크를 통해 풍족하지는 않더라도 노후자금이 준비된 사람이라면 '은퇴는 오히려 은혜'입니다. 생각해보세요. 만약 퇴직이나 은퇴가 없이 평생 동안 일을 해야 한다면 얼마나 고달픈 인생입니까? 따라서 은퇴의 가치와 의미를 마음속에 잘 정리하고 2막인생의 목표, 자기실현의 목표를 적절히 조정하고 분명히 함으로써 활기찬 생활을 할 수 있게 됩니다. 당신이 규정하는 2막인생은 무엇입니까? 무엇을 이루고자 합니까?

2. 건강관리에 힘쓸 것

활기든 무기력이든 건강이 최고의 변수입니다. 의욕과 활력은 건강에 비례합니다. 건강이 무너지면 모든 게 끝장입니다. 거꾸로 건강이 좋으면 당연히 활기차게 됩니다. 따라서 가장 우선순위에 둬야 할 것은 건강을 살피는 것입니다. 적절한 운동은 필수 중의 필수입니다.

3. 사람과 어울릴 것

무기력에 빠지지 않으려면 밖으로 나와야 합니다. 세상과 만나야 합니다. TV앞에 죽치고 있는 것은 가장 나쁜 짓입니다. 가끔은 혼자 있기를 즐기며 자신과의 대화를 나누는 것도 중요하지만 말입니다. 가능한 한 사람들과 어울리고 잡담과 수다를 즐겨야 합니다.

4. 다양한 취미생활을 즐길 것

퇴직·은퇴 후에 남는 것은 시간입니다. 일을 하더라도 직장생활을 할 때보다는 여유롭습니다. 그 여유를 잘 관리해야 합니다. 가장 바람직한 것은 다양한 취미생활을 갖는 것입니다. 딱 하나의 취미에 푹 빠질 수도 있지만 가능한 한 여러 가지 취미활동을 하는 게 좋습니다.

5. 몰입할 수 있는 라이프워크를 만들 것

여러 가지 다양한 취미생활을 즐기되 그중에서도 몰입할 수 있는 한 가지 일이 있어야 합니다. 2막인생 내내 꾸준히 추구할 수 있는 일, 그것이 라이프워크입니다(앞에서 이미 상세히 다뤘다). 자신이 가장 하고 싶은 일, 재미를 느끼는 일을 찾아 몰입하게 되면 무기력을 떨쳐낼 수 있게 됩니다.

6. 라이프스타일과 일과를 새로 짤 것

퇴직·은퇴 후의 생활이 무기력하지 않고 활기차려면 새로운 라이프스타일(삶의 시스템)을 만들고 그것에 맞춰서 일과를 짜야합니다. 그리고 그 일과표에 따라 규칙적인 생활을 하는 것이 좋습니다. 특히 혼자 있는 시간도 고려해야 합니다. 그리고 혼자서도 잘 놀 수 있는 방법을 터득해야 합니다. 가끔은 고독을 즐길 줄도 알아야 합니다.

7. 화목하고 행복한 가정을 만들 것

퇴직·은퇴 생활에 있어서 최후의 보루는 가정입니다. 어떤 어려움이 있더라도 가족이 함께하면 외롭지도 않고 무기력하지도 않습니다. 따라서 아내나 자녀들과의 관계도 재정립하여 화기애애한 행복한 가정을 만들어야 합니다. 만약 가정이 썰렁하다면 위의 6가지에 성공하더라도 결국 무기력에 빠지고 말지 모릅니다. '가화만사성家和萬事成'임을 잊지 마세요.

어떻습니까? 퇴직이나 은퇴를 앞둔 이라면 위의 7가지를 미리미리 잘 챙겨야 합니다. 이미 2막인생을 시작한 사람이라면 위의 7가지 중에 무엇이 문제인지를 잘 파악하여 생각의 방식, 행동의 방식을 확실하게 바꿔야 합니다. 무기력에 빠지지 않고 활력을 찾아야 인생이 활기차게 되는 것은 당연하니까요.

열정을 불러일으키는 명언

"어떤 성격을 원한다면 이미 그런 성격을 가진 사람처럼 행동하라."

"좋은 기분을 만들어내려면 벌떡 일어나 신나는 생각을 하고, 언제 어디서나 활기차게 말하고 움직이면 된다."

– 윌리엄 제임스

"열정이 있는 것처럼 행동하면, 자신에게도 열정이 있는 것처럼 느껴진다. 열정 없이 성취된 위업은 하나도 없다."

"일단 실행하라, 그러면 당신은 실행에 필요한 에너지를 얻을 것이다."

– 랄프 왈도 에머슨

"세월은 피부의 주름을 늘리지만, 열정을 잃으면 정신이 시든다."

– 샤무엘 울만

"성공을 위한 엔진의, 최고의 연료는 열정이다."

– 스티븐 스코트

삶을 무기력하게 하는 원인 찾아보기

당신은 혹시 무기력함에 빠져 있지는 않습니까? 당신의 삶에서
활력을 앗아가는 것들이 무엇인지 곰곰이 생각하며 아래에 적어
보세요. 그리고 그 원인을 찾아 하나씩 해결해나가기 바랍니다.

31.

문제는 행복이야,
바보야!

2500여 년 전, 철학자 아리스토텔레스는 말했습니다. "인생의 궁극적인 목적은 행복추구이며 행복이 최고의 선"이라고. 행복을 인생의 목표라고 말한 사람은 그 외에도 무수히 많습니다. 그중에는 정신분석학의 선구자 지그문트 프로이트도 있습니다. "과연 인간이 삶 속에서 얻고자 하는 것은 무엇이며 성취하고자 하는 것은 무엇인가? 의심의 여지없이 그 해답은 바로 행복이다." 그의 말입니다(대니얼 길버트, 《행복에 걸려 비틀거리다》, 서은국 외 옮김, 김영사, 2011). 그들의 언급이 아니더라도 사람은 행복하기 위해 삽니다(다른 것을 위해 산다고 강변하는 유별난 사람도 있겠지만).

퇴직을 하고 노후에 직면하면서 우리는 스스로에게 물어봐야 합니다. "나는 지금 행복한가?"라고. 이제는 훗날의 행복을 위해 오늘을 희생해서는 안 됩니다. 어쩌면 지금까지 직장생활을 영위해오면서 후일을 위해 행복을 좀 유보하며 살아왔는지도 모릅니다. 그러나 이제는 후일이 없습니다. 지금 행복하지 않으면 노후는 없습니다.

행복이란 무엇인가요? 아무도 행복을 정확히 정의내리지 못했습니다. 앞으로도 그럴 것이고요. 왜냐면 행복이란 각자가 정의하기 나름이기 때문입니다. 한마디로 행복은 지극히 주관적인 감정입니다.

퇴직·은퇴를 하게 되면 대부분의 사람들은 당황합니다. 퇴직과 은퇴가 이미 예고돼있던 것이라 하더라도 이제 인생의 막다른 과정에 다다르는 것 같은 단절감과 소외감, 그리고 우울함을 느끼게 됩니다.

그러나 어쩔 수 없이 겪게 되는 과정이라면 오히려 발상을 바꿔서 이제야말로 더욱 행복하게 살아야 할 필요가 있을 것입니다. "직장을 떠나고 나이는 들었는데 무슨 행복?"이냐고 반문하지 마세요. 에이브러햄 링컨이 말했습니다. "사람은 자신이 행복해지려고 결심한 강도에 따라 그만큼 행복할 수 있다"고 말입니다. 그러면 어떤 결심을 해야 할까요? 다음의 5가지를 결심하십시오. 이름하여 '퇴직·은퇴자의 행복 5계명'입니다. 역시 기억하기 쉽게 '1·2·3·4·5법'으로 만들었습니다.

퇴직·은퇴자의 행복 5계명
1. 일의 노예가 되지 말 것
행복은 일과 밀접한 관계가 있습니다. 일이 있는 사람은 행복할 기본요소를 갖는 게 되지만 일이 없다면 불행해지기 십 상입니다. 그러기에 많은 전문가들이 퇴직 이후에도 일이 있 어야 한다고 권고합니다. 그러나 그것도 사람에 따라 다릅니 다. 일에서 벗어났기에 행복해하는 사람도 있습니다.

또한 "하면 된다" "끝없이 도전하라"며 70~80대의 나이에 열심히 일하고 있는 사람을 사례로 들면서 부추깁니다. 그러 나 그런 이야기에 너무 현혹되지 마세요. 참고는 하되 "나는 왜 그런 사람이 못 되나?"라며 좌절하거나 일을 찾는 데 강박 관념을 갖는다면 바보 같은 짓입니다. 일이 있는 것이 스트레 스가 된다면 오히려 없는 것만도 못한 것이며, 없는 일거리를 찾기 위해 스트레스를 받는다면 그 또한 문제입니다.

1살짜리 아기는 대소변을 가리는 것이, 25살에는 성행위를 한 것이, 50세에는 돈을 버는 것이 성공이며, 그 후에 나이 들 면 75세에는 아직도 성행위를 하는 것이, 그리고 90세에는 대 소변을 가리는 것이 성공이라는 우스갯소리가 있습니다. 출세 한 사람이건 성공한 사람이건 인생은 돌고 돌아 결국 다시 처 음으로 돌아간다는 의미심장한 유머입니다.

처음으로 돌아가는 과정에 은퇴가 있습니다. 그러기에 이제 는 일에서 해방될 줄도 알아야 합니다. 사정 때문에 일을 하게 되더라도 은퇴 이후는 결코 일의 노예가 되지 말고 좀 느긋한 자세로 살자는 말입니다. 그것이 행복의 지름길입니다.

2. 이웃과 비교하지 말 것

영국의 철학자 버트란트 러셀이 말했습니다. "거지는 백만 장자를 부러워하지 않는다. 자신보다 조금 돈이 많은 거지를 부러워할 뿐"이라고. 이런 시각, 바로 이웃과 비교하는 바람에 사람들은 불행해집니다. 행복하려면 무엇보다도 남과 비교하지 마세요. 당신은 당신의 인생을 살면 그뿐입니다.

이치가 그럼에도 우리는 즐겨 자신과 남을 비교합니다. "저 사람은 퇴직 후에도 저렇게 잘 사는 데 나는 이게 뭔가?"라며 말입니다. 그렇다고 아주 멀리 보지도 못합니다. 그저 나보다 아주 조금 더 잘나가는 이웃, 또는 함께 퇴직한 친구의 근황을 접하고는 기분 상해하고 우울해하며 불행을 느낍니다.

그렇잖아도 현직에서 일하는 내내 우리는 비교하고 비교당하며 살아왔습니다. 그런데 이제 자유를 찾은 퇴직 이후에도 스스로 남과 비교한다면 불행을 자초하는 것에 다름 아닙니다. 퇴직·은퇴 후의 행복한 삶을 원하십니까? 그렇다면 절대로 이웃과 비교하지 마세요. 당신은 당신의 길을 가면 됩니다.

3. 3등에 만족할 것

우리는 어린 시절부터 '1등'에 세뇌당하며 살았습니다. 꼭 1등을 해야 성공이고 행복한 것처럼 말입니다. 그러나 1등은 아무나 하는 게 아닙니다. 더 중요한 것은 1등은 자칫 불행할 수 있습니다. 끊임없이 그 자리를 지켜야 하는 스트레스에 시달려야 하니까요. 2등은 어떨까요? '2등의 역설'이라는 것이 있습니다. 금메달의 문턱에서 아쉽게 패한 은메달 수상자는 금메달리스트를 쳐다보며 속상해합니다. 반면에 동메달을 거머쥔 선수는 자칫 잘못했으면 메달을 못 땄을지 모른다는 생각에서 행복을 느낀다는 것입니다.

실제로 이러한 현상을 두고 많은 심리학자들이 연구 결과물을 내놓았습니다. 그중 가장 오래된 것이 1992년 바르셀로나 하계올림픽을 대상으로 진행한 토마스 길로비치 미국 코넬대 교수의 연구입니다. 그는 1995년 국제 학술지 〈인격과 사회 심리학 저널〉에 발표한 논문에서, 시상식 사진을 분석한 결과 동메달 수상자가 은메달 수상자보다 더 높은 행복도를 보였다고 했습니다(오마이뉴스, 2015. 7. 7).

은퇴 후에도 남보다 앞서 1등하기를 원한다면 '노욕'이 됩니다. 그럼 3등을 해야 하냐고요? 3등에 만족하라는 것은 꼭 3등을 하라는 것이 아닙니다. 아등바등하며 올라가기를 생각하기보다 적절한 수위에서 만족할 줄 알아야 된다는 의미입니다. 그래야 행복할 수 있습니다.

4. 사소한 것에 감사할 것

성경의 구절을 빌리지 않더라도 '범사에 감사하는 것'은 행복의 지름길입니다. 요즘 직장인들에게 '감사하기'가 교육 프로그램으로 인기 있는 것은, 사람은 '줄수록 앙앙'이라서 직위가 올라가고 급여가 많아져도 감사하기보다 '더 높은 곳을 향하여' 끊임없이 불만을 갖기 때문입니다.

행복하려면 범사에 감사하고 특히 사소한 것에도 감사할 줄 알아야 합니다. 전 세계 1억4천여만 명의 시청자를 웃고 울리는 토크쇼의 여왕 오프라 윈프리. 그녀는 매일매일 감사일기를 적는 것으로 유명합니다. 그런데 주목할 것은 그의 세계적 지위와 화려한 일상에도 불구하고 그가 일기에 적는 감사의 내용은 결코 거창한 것이 아니라 사소한 것들이라는 사실입니다. 예를 든다면 '오늘도 거뜬하게 잠자리에서 일어날 수 있어서 감사합니다.' '유난히 눈부시고 파란 하늘을 볼 수 있어서 감사합니다.' '점심 때 맛있는 스파게티를 먹게 해 주셔서 감사합니다.' 등 말입니다. 이정도의 감사거리는 당신에게도 넘쳐나지 않습니까?

5. 오늘, 지금을 즐길 것

명화 〈죽은 시인의 사회〉라는 것이 있습니다. 1989년의 작품이니까 오래된 영화인데 그 영화의 명대사로 오늘날에도 자주 인용되는 것이 있습니다. '카르페 디엠carpe diem'이 바로 그것입니다. 원래는 호라티우스의 라틴어 시 한 구절로부터 유래된 것인데 '현재를 즐기라' '현재를 잡으라'는 의미입니다.

로마 황제였던 마르쿠스 아우렐리우스는 '현재present'란 가장 귀중한 '선물present'임을 깨달아야 한다고 말했습니다. 퇴직·은퇴 후의 삶이 행복하려면 무엇보다도 '오늘' '지금'을 선물 받은 것처럼 기뻐하며 즐겨야 합니다. 일을 하더라도 그것을 즐겨야 하며, 가족과 함께 있더라도 그 시간을 즐겨야 합니다. 남아 있는 시간이 별로 없기에 더욱 더 그렇습니다.

행복하려면 감사할 것

앞에서 이미 언급했지만 행복과 관련하여 한 번 더 강조할 것이 감사에 대한 것입니다. 감사하는 마음을 주제로 삼아 평생 동안 연구한 심리하자 로버트 에먼스Robert Emmons 교수(캘리포니아 데이비스대학교 심리학과)는 감사야말로 행복의 첫 번째 요건이라고 했습니다. 그의 말이 아니더라도 행복은 '감사'와 깊은 연관성이 있습니다. 여기서 유의할 것은 행복하기 때문에 감사하는 마음을 갖는 것이 아니라 감사하기 때문에 행복하다는 것입니다(숀 아처,《행복의 특권》, 박세연 역, 청림출판, 2012).

그는 마이클 맥컬로Michael McCullough 교수(마이애미대학교 심리학과)와 함께 흥미로운 실험을 했는데, 사람들은 의도적으로 감사한 말과 행동을 하는 것만으로도 낙천적인 성격으로 변했으며 활력이 넘치고 열정적으로 활동했습니다. 또한 유머감각이 생기고 스트레스에 강해졌으며 다른 사람들을 적극 돕고 친절해지는 등 여러 효과가 나타난 것입니다.

또한 크리스 피터슨 교수(미시간대학교 심리학과)는 그의 은사인 마틴 셀리그먼 교수(펜실베이니아 대학교)와 '사람을 행복하게 만드는 데 정말 중요한 것이 무엇인지'를 연구했는데 그를 통해 행복한 사람들이 가진 공통점으로 '행복 소질'을 도출했습니다. 이 연구에서 피터슨 교수가 여러 가지 소질 가운데 가장 핵심으로 꼽은 것은 희망, 사랑, 감사 세 가지입니다. 그런데 그 세 가지 중에서 개인의 노력 여하에 따라 얼마든지 키워갈 수 있는 유일한 요소가 감사라는 것입니다. 희망은 절망적인 사람이 갑자기 찾을 수 있는 것이 아니며, 또한 야비한 사람이 사랑스러운 사람으로 변하는 것도 쉬운 일이 아니지만 감사는 마음먹기에 달렸다는 것이죠(데보라 노빌, 《감사의 힘》, 김용남 역, 위즈덤하우스, 2008). 이 말은 곧 행복도 마음먹기에 달렸음을 의미합니다.

한 가지 기억해 둘 것은 감사를 하되 진정으로 감사해야 한다는 점입니다. 이 점이 매우 중요합니다. 매일 감사하고 매 순간 감사하고, 범사에 감사하라고 해서 기계적으로 타성에 젖은 감사를 하는 것은 효과가 적다는 말입니다.

어떻습니까? 이제 행복할 준비가 됐습니까? 퇴직·은퇴 후 행복하려면 링컨의 권고대로 행복하기로 굳게 결심해야 합니다. 수시로 마음에 되새기며 그대로 실천한다면 앞으로의 삶이 더욱 행복해질 것이고 그럼으로써 하는 일도 더 잘 풀릴 것임에 틀림없습니다.

"행복이란, 자기가 지닌 모든 것에 감사할 때 느끼는 좋은 기분이다. 우리는 우리에게 없는 것, 갖고 싶은 것만 생각하고 갖고 있는 것을 간과한다. 우리는 다른 사람에게 없는 것을 많이 가지고 있다. 단지 걸을 수 있다는 것만으로도 휠체어를 탄 사람에게는 부러워할 만한 것이다."

– 스펜서 존슨《누가 내 치즈를 옮겼는가》의 저자)

나이들면 마음에 담을 '내로남불'

우리의 단어가 영어사전에 한국어 발음 그대로 등재되는 경우가 늘어나고 있습니다. Hangul(한글), Kimchi(김치), Taekwondo(태권도) 등은 고유명사니까 그럴 수 있는데 보통명사도 그런 게 있습니다. 대표적인 것이 갑질(gapjil)과 회식(hoesik) 꼰대(kkondae) 그리고 내로남불(naeronambul)이 있습니다.

미국 뉴욕타임스는 2021년 4월 10일, 더불어민주당이 패배한 4·7 재보선 결과를 보도하면서 그 이유로 'naeronambul'을 꼽았습니다. 그리고는 그 의미가 "If I do it, it's a romance. If you do it, it's an adultery(내가 하면 로맨스, 남이 하면 불륜)"라는 설명을 붙였습니다. 우리말이 거둔 대단한 쾌거(?)라 하겠습니다.

'내로남불'이 특이한 것은 한글과 영어 프랑스 독일어가 혼합된 것이라는 점입니다. '내'는 한글 고유어이고, '로'는 영어와 프랑스어의 romance, 독일어의 romanze의 앞글자이며, '남'은 한글 고유, '불'은 한자 '不'의 우리 발음입니다.

그러나 내가 여기서 말하고자 하는 '내로남불'은 우리가 이미 알고 있던 위의 해석과는 다른 것입니다. 내로남불, 즉 '내가 비록 늙어가더라도(늙을 로老) 남들이 불쾌할 짓은 하지 말자'는 뜻으로 내가 만든 용어입니다. 제발이지 '내로남불'하지 마시고 '내로남불'하세요(앞의 내로남불은 원래의 뜻이고 뒤의 내로남불은 내가 제안하는 것임).

32.

퇴직 · 은퇴 남편의
처신

7장에서 은퇴경쟁력을 다루며 '건재관일족'에 대하여 언급한 바 있습니다. 그러면서 가족관계를 이 책의 마지막에 다루겠다고 했습니다. 여기서 그것을 다룹니다. 은퇴와 노후의 마지막 보루는 가족입니다. 행복의 근원도 바로 가족에게 있습니다.

언젠가는 건강도 어쩔 수 없이 사그라지게 됩니다. 나이를 이길 수는 없으니까요. 돈과 재물이 많아도 쓸 일이 별로 없게 됩니다. 은퇴를 통하여 일자리를 벗어남은 물론 나중에는 일거리까지 손을 놓게 될 것입니다. 사람들과의 네트워크도 한두 사람의 '절친'만이 남게 됩니다. 이제 마지막으로 남는 것은 역시 가족뿐입니다.

노후에 가정의 권력은 대부분 여성에게 돌아갑니다. 여성파워가 세집니다. 그런데 그 강한 여성을 움직이는 건 남성입니다. 세상을 떠난 배우 최진실 씨가 "남자는 여자 하기 나름"이라고 했지만 그건 젊었을 때의 이야기입니다. 나이 들면 여성이야말로 남자 하기 나름입니다. 남편의 역할과 처신이 매우 중요하다는 말입니다.

특히 우리의 형편에서 퇴직·은퇴는 남성적 영역입니다. 지금의 젊은이들이 노후세대가 될 때는 사정이 많이 달라지지만, 아직까지는 은퇴니 퇴직이니 하면 남성이 떠오르는 게 현실입니다. 여성은 퇴직을 하고 은퇴를 하더라도 가정에 쉽게 안착합니다. 그것이 여성의 강점이요 경쟁력입니다. 그러나 남성은 퇴직과 더불어 가정으로 돌아가면서 적응에 애를 먹습니다.

따라서 이제부터 '가족'문제를 다루면서 남성에 대한 충고가 많을 것입니다. 남성의 처신이 노후의 가족관계를 좌우하기 때문입니다. 가정의 분위기를 망칠 수도 있고 즐겁게 할 수 있습니다. 앞에서 〈퇴직·은퇴자 5계명〉을 말했는데 그것이 남녀공용의 '사회생활편'이라면 이번에는 퇴직한 남편이 가정생활을 어떻게 해야 하는지 '가정생활편'을 5계명으로 알려드립니다. 이것만 실천해도 '가정엔 평화, 남편엔 행복'이 보장될 것입니다. 계속해서 '1·2·3·4·5법'이 동원됩니다.

남편의 가정생활 5계명

1. 일을 거들어줄 것

주부들을 상대로 강의를 해보면 노후의 아내들이 가사를 얼마나 싫어하는지 알 수 있습니다. 충분히 이해됩니다. 전업주부라면 평생을 그렇게 살아왔으니까요. 그나마 남편이 출근하고 나면 한숨 돌릴 수 있는데, 이제 퇴직한 남편이 집 안에 떡버티고 있는 상황은 아내로서 감내하기 힘들 것입니다. 답답하기 그지없습니다. 하물며 남편이 "손 하나 까딱 않고(아내들의 표현입니다)"이래라 저래라 일을 시킨다면 스트레스는 극에 달할 수 있습니다. 폭발 직전이 됩니다. 따라서 퇴직·은퇴한 남성이 가장 먼저 할 일은 가사를 돕는 것입니다. 돕는 차원을 넘어 분담해야 합니다. 아내에게 도움이 될 때 비로소 남편이 집에 있는 것이 반가울 건 당연하지요.

2. 이왕이면 음식까지 만들 것

노후의 권력은 어디서 오는가? 정답은 '주방'입니다. 즉 음식을 누가 만드느냐가 권력입니다. 다시 말해서 남편이 요리를 하면 아내의 권력을 그만큼 뺏어오는 게 됩니다. 스스로 자급자족할 능력이 생기는 것입니다. 그러면 아내가 며칠씩 여행을 가서 집을 비우더라도 불편할 일이 없어집니다. 그러므로 요리를 배워야 합니다. 이왕 가사를 도울 바에는 요리까지 섭렵하시길 권합니다. 이것이야말로 아내도 돕고 가정의 권력도 장악하는 일거양득입니다. 그렇잖아도 요즘 '요섹남'이 대세입니다. 나이 들어서는 요리할 줄 아는 남자가 최고의 섹시한 남편감입니다.

3. 삼식이는 되지 말 것

'삼식이'는 퇴직 이후의 초라한 남편을 상징하는 단어가 됐습니다. 삼식이가 되는 순간 남편의 권위는 사라집니다. 할 일이 없는 불필요한 존재로 추락할 수 있습니다.

아내들은 집만 나서면 활기찹니다. 수다를 통해 스트레스를 날려버리고 활력을 찾습니다. 친구를 잘 사귑니다. 백화점에 가 봐도 평일 낮에는 부인들로 가득합니다. 그런데 남편이 집에 틀어박혀 "빨리 와서 점심 좀 차려줘"라는 문자메시지를 보내보세요. '웬수'가 따로 없습니다. 하루 세끼를 꼬박 챙겨 먹는 '삼식이'가 되지 말라는 것은 하루에 한두 끼만 먹으라는 말이 아닙니다. 집에서 식사하는 횟수가 줄어들 수 있도록 바깥활동을 하라는 것입니다.

4. 사소한 간섭을 확 줄일 것

퇴직·은퇴 후, 아내와 남편이 갈등을 일으키는 가장 큰 이유가 뭔지 아세요? 다름 아니라 남편의 잔소리 때문입니다. 요즘은 시아버지와 며느리 사이에 갈등이 생기는 '구부舅婦갈등'도 새로운 문제로 떠올랐습니다. 아내에 대한 잔소리에 더하여 며느리에 대한 잔소리가 늘어나서입니다. 예전에는 "며느리 사랑은 시아버지"라고 했는데 그게 아니라는 겁니다. 이유는 역시 퇴직·은퇴하여 집에 있는 시아버지가 시시콜콜 사소한 간섭을 하기 때문입니다. 집에 있다 보면 직장생활을 할 때는 몰랐던 사소한 것들이 눈에 뜨일 것입니다. 그러나 입을 꽉 다무세요. 사소한 간섭을 하는 남자, 그게 바로 '쪼다'입니다.

5. 오래 오래 건강할 것

퇴직·은퇴 후에 다가오는 가장 큰 재앙(?)은 바로 건강을 해치는 것입니다. 예를 들어 죽는 그날까지 절대로 아프지 않을 것이라는 보장만 된다면 노후는 전혀 양상이 달라질 것입니다. 반대로 늙은데다가 건강까지 해치는 순간 노후는 엉망이 됩니다. 구박, 천덕꾸러기가 될 게 뻔합니다. 오래 사는 게 중요한 것이 아니라 건강하게 오래 살아야 합니다. 따라서 노후에 가정의 평화와 당신의 행복을 꿈꾼다면 "뭐니 뭐니 해도 머니(돈)"가 아니라 '건강'이 우선입니다.

어떻습니까? 말 됩니까? 마음에 담아 실천하세요. 이론이 중요한 게 아니라 실천이 중요합니다. 남편만 5계명이 있고 아내는 없냐고요? 성질 급하시긴~~. 다음은 퇴직한 남편을 둔 아내가 지켜야 할 5계명입니다.

33.

퇴직·은퇴 남편을 둔 아내의 처신

앞에서 퇴직·은퇴한 남편이 실천해야 할 덕목을 다뤘습니다. 그러나 남편 못지않게 중요한 것은 그러한 남편을 대하는 아내의 태도입니다. 사실 퇴직·은퇴를 하고 나면 남편은 힘이 푹 빠집니다. 남편의 권력은 지갑(돈)에서 나오는 데 그것이 여의치 않기 때문입니다. 기죽고 우울해할 남편을 걱정하며 아내는 이렇게 말합니다. "그동안 가족들을 부양하느라 고생했으니 이제는 푹 쉬라"고. 그러나 그 애틋한(?) 심정은 불과 1년을 넘기지 못합니다. 경제적으로 풍족하지 못하면 더욱 그렇습니다.

남편과 아내가 함께 있는 시간이 많아지면서 갈등 또한 비례적으로 커집니다. 그러다 보면 별 것 아닌 일로 다투게 되고 그것이 심화되면 경우에 따라 졸혼이나 황혼 이혼이라는 막다른 선택에 이르기도 합니다.

사실 퇴직을 하고 나면 가정의 주도권은 아내에게 넘어가는 수가 많습니다. 남편에 비해 아내들은 사회활동이 활발해집니다. 그러다보면 남편이 성가신 존재로 남을 수도 있습니다. 가정의 평화는 누가 뭐래도 남편과 아내가 얼마만큼 화합하느냐에 있고, 남편의 퇴직과 은퇴 이후에는 아내의 태도에 더욱 크게 좌우됩니다. 퇴직 이후의 실질적 권력은 아내에게 있기 때문입니다. 퇴직·은퇴를 한 남편을 대하는 아내의 5계명을 다룹니다. 역시 '1·2·3·4·5법'입니다.

아내 5계명

1. 일상의 변화를 수용할 것

막상 퇴직하고 나면 이전에 상상했던 것과는 많이 다른 양상이 나타납니다. "나이는 숫자에 불과하다"는 말이 괜한 위로임을 알게 됩니다. 출퇴근이 없어지고 월급이 없어지며 힘이 없어집니다. 현직에 있을 때 잘나간다고 생각되던 남편일수록 추락의 실감은 더합니다. 그러나 이 모든 일상의 변화를 일단 수용해야 합니다. 수용한다는 것은 있는 그대로 받아들이는 것입니다.

명화 〈라스베가스를 떠나며Leaving Las Vegas〉를 아십니까? LA의 영화사에서 실직한 시나리오 작가 벤Ben(니콜라스 케이지)은 알코올 중독자입니다. 가족과도 헤어진 그는 실컷 술이나 마시다 죽겠다며, 퇴직 후 환락의 도시 라스베이거스로 갑니다. 그리고는 그곳에서 밤거리의 여자 세라Sera(엘리자베스 슈)를 만나고 사랑에 빠집니다. 인상 깊었던 장면의 하나는, 세라가 술에 찌들어 사는 벤에게 오히려 휴대용 술병을 선물하는 것입니다. 그 영화에서 세라는 벤을 회상하며 이렇게 말합니다.

"나는 그 남자를 있는 그대로 받아들였다. 난 그를 변화시키려고 하지 않았다." I accepted him for who he was and I didn't expect him to change.

그렇다고 당신도 남편에게 술병을 선물하라는 게 아닙니다. 포기하라는 말도 아닙니다. 일단 퇴직 또는 은퇴의 현실을 인정하고 받아들여야 남편을 보는 시선이 따뜻해집니다. 그래야 미래가 열립니다.

2. 2막인생의 가치를 공유할 것

퇴직이나 은퇴를 하고 나면 소위 2막인생이 시작됩니다. 생각을 바꿔보면 2막인생이야말로 진짜 인생입니다. 왕년에 잘나간 게 무슨 의미가 있나요? 왕년에 장관이나 국회의원을 했다고 2막도 화려하고 존경받을까요? 오히려 상대적으로 더 초라한 경우가 많습니다.

왕년이야 어떠했든 간에 이제부터 멋진 2막인생을 만드세요. 그 실질적인 주인공은 바로 아내입니다. 아내가 자꾸 옛날을 회상하며 2막인생의 가치를 인정하지 않는다면 그것은 곧 불행의 시작이 됩니다. 부부가 함께 2막인생의 가치를 인식하고 그것을 공유해야 합니다. 그것이 노후의 행복과 보람을 창조하는 지름길입니다.

3. 삼가라, 기죽이는 언행을

퇴직한 남편은 점점 어린아이 같아집니다. 잘 삐칩니다. 아내의 사소한 언사에도 기가 죽습니다. 현직에 있을 때 늘 듣던 말도 퇴직 이후에는 가슴 아프게 받아들입니다. 그것을 자격지심이라고 하죠. 남편이 기가 죽으면 그것은 그대로 가족 전체에 전파됩니다. 집안이 침울해집니다. '잘나도 내 남편, 못나도 내 남편'입니다. 잘났으면 잘난 대로, 못났으면 못난 대로 일단 긍정해야 기죽이는 언행이 나오지 않습니다.

명예퇴직(실제로는 강제퇴직)한 남편에게 "남들은 괜찮은데 왜 당신만 쫓겨났냐?"거나 "다른 집 남편들은 건강하던데, 왜 당신은 그렇게 골골거리냐?"며 결정타를 먹이지 마세요. 아무리 부부간이라지만 삼갈 말은 삼가야 합니다.

4. 사기를 북돋울 것

남편의 기를 죽이지 않는 것만으로는 부족합니다. 한 발 더 나아가 사기를 북돋워야 합니다. 즉, 심기心氣를 살려줘야 합니다.

남자들은 자기자랑이 심합니다. 그것이 남자의 속성입니다. 직장에서 별 볼일 없던 사람도 퇴직하고 나면 자기가 엄청난 인재였던 것처럼 말합니다. 무용담을 펼칩니다. 남편의 말을 들어보면 자기가 이 세상에서 제일 잘났고, 자기가 마치 세상사의 심판관인 양 말합니다. 술 한 잔 걸치면 더욱 그렇습니다. 그렇게 자기 자랑에 열을 올리는 남편에게 "빨리 샤워하고 잠이나 자요!"라며 면박을 주거나 "그렇게 잘났으면서 왜 승진을 못 했어요?"라고 아픈 곳을 찌른다면 살아나던 기도 죽습니다. 그러한 남편의 자랑을 누가 받아 주겠습니까? 아내가 아니면 누가 그 말을 들어주고 믿어주고 인정해 주겠습니까?

심기心氣를 살리는 가장 좋은 방법은 격려하고 역성들고 칭찬하는 것입니다. "당신만한 사람 없어요", "난, 더 이상 바랄게 없어요", "당신이 최고예요", "당신보다 더 잘난 사람 있으면 나와 보라 그래!" 이 정도 돼야 합니다. 농담으로라도 그렇게 하세요. 남편도 아내가 마음에 없는 맞장구를 치는 줄 압니다. 그러나 사기가 오를 것입니다. 그래야 남편과 아내 사이가 화기애애할 것은 말할 것도 없고요. 그래야 세상을 달관한 듯 늙어가는 맛이 있는 것 아니겠습니까?

5. 오랫동안 함께할 지혜를 발휘할 것

오늘날에 있어서 가장 심각한 문제의 하나는 노후에 돌봐줄 사람이 없다는 사실입니다. 핵가족인데다가 아이러니컬하게도 자녀들이 성공할수록 부모 곁에 없습니다. 더구나 아내와 남편의 평균수명은 7~8년 정도 차이가 납니다. 예컨대 남편이 아내보다 4살 정도 나이가 많다면 아내는 적어도 12년 정도 혼자 살게 된다는 계산이 됩니다.

김종필 전 총리가 "오래 사는 게 성공"이라고 했듯이, 특히 부부가 함께 오래 사는 것은 성공 중의 성공입니다. 영화 〈님아, 그 강을 건너지 마오〉를 보셨습니까? 98세 된 할아버지와 89세 된 할머니의 사랑. 그런데 할아버지가 돌아가신 후 산소 옆에서 흐느껴 우는 할머니의 모습(마지막 장면)에서 무엇을 느낍니까?

결론적으로 뭐니 뭐니 해도 부부가 오랫동안 함께 살아야 합니다. 남편 홀로 너무 일찍 그 강을 건너게 하지 마세요. 일찍 그 강을 건널 확률이 높은 남편을 어떡하면 오랫동안 잡아 둘 수 있을까요? 그것은 아내의 지혜로운 처신에 달렸습니다.

아내가 지켜야 할 5가지 계명이 맘에 듭니까? 왜 아내 탓을 하냐고요? '탓'을 하는 게 아닙니다. 남편이 지켜야 할 5계명은 이미 말씀드렸습니다. 결론은 부부가 함께 노력해야 합니다. 백지장도 맞들어야 낫고, 오는 정이 있어야 가는 정이 있으며, Give & Take입니다. 부부관계도 궁극적으로 인간관계입니다.

34.
자녀와의 관계
재정립하기

'불효자식 방지법'이라는 게 있습니다. 2020년 7월, 국회는 자녀가 부모에게서 재산을 증여받고도 부양 의무를 이행하지 않거나 부모를 상대로 패륜 범죄를 저지를 경우, 증여받은 재산에 대해 원상회복 의무를 부담하는 것을 골자로 한 민법 개정안을 발의했습니다. 쉽게 말하면 재산을 상속했다가도 효도를 하지 않으면 도로 뺏겠다는 말입니다. 사정이 이렇게 된 데는 요즘 우리 사회에 그런 법이 있어야 할 만큼 이상한 일이 많이 벌어지고 있기 때문입니다.

아닌 게 아니라, 장성한 자녀를 둔 부모들이 대화를 나누는 것을 보면 "아무개집 아들, 며느리가 부모님을 잘 모시는 것을 조건으로 일찍 재산을 상속받았는데 그 후에 나 몰라라 한다"는 사연을 자주 듣게 됩니다. 최근에는 그로 인하여 부모와 자식 간에 송사가 벌어진 사례도 등장하고 있습니다. 한마디로 슬픈 일이지만 그것이 현실입니다. 그래서 이번에는 퇴직·은퇴를 앞둔(또는 이미 퇴직했거나 은퇴한) 부모가 자식과의 관계를 어떻게 설정해야 노후도 편안하고 자식에게도 도움이 될지를 5가지 덕목으로 제시합니다.

자녀관계 5계명

1. 일절 기대하지 말 것

지금의 자녀세대는 기성세대와 형편이 딴판이 됩니다. 경제사정은 그렇다 치고 그들의 씀씀이나 사고방식을 더듬어보면 결코 부모세대에게 도움을 줄 형편이 못 됩니다. 소위 '효도'를 할 수가 없습니다. 아니, 효의 개 념자체가 다릅니다. 부모를 봉양하는 것이 기성세대의 효 개념이라면 신세대에게는 그런 개념이 거의 없다고 보아eh 틀림없습니다. 따라서 일찌감치 자녀에 대한 기대는 접는 것이 현명합니다.

특히 지금의 젊은 세대가 퇴직을 할 때쯤이면 세상이 어떻게 변할 것인지를 상상해보세요. 그들의 자녀들이 부모에게 효도를 한다고? 각자 독립적인 삶을 영위하게 될 것임은 명확합니다. 그러니 마음을 단단히 다듬어놔야 합니다. 아무것도 기대하지 마세요. 기대가 크면 실망이 큰 법입니다. 기대가 큰 만큼 더욱 괘씸하고 슬퍼지는 겁니다.

2. 이재설계를 확실히 할 것

지금의 50~60대는 부모 봉양의 마지막 세대임과 동시에 나 홀로 서기의 첫 세대이기에 '샌드위치 세대'라 불립니다. 부모를 봉양하는 것과 더불어 자식들의 교육과 결혼까지 뒷바라지하느라 고생을 하지만 정작 자신들은 자식에게 기댈 수도 없어 샌드위치 신세라는 말입니다.

샌드위치 세대이든 아니든 간에 노후의 독립적인 삶을 원한다면 무엇보다도 이재설계를 확실하게 해야 합니다. 그러지 않으면 '노후 파산'으로 '노후 난민'이 될 확률이 높습니다. 노후에 난민과 같은 신세가 될 것이라는 말입니다. 따라서 퇴직·은퇴 이전에, 가급적 일찌감치 노후의 이재설계를 꼼꼼히 철저히 확실하게 해둬야 합니다. 젊은 사람이 생각할 때에 30~40년 후가 까마득한 미래로 생각될지 모르지만 순식간에 다가옵니다. 천천히 준비하겠다고요? 이재설계야말로 이르면 이를수록 좋습니다.

3. 삼십 년 후를 상상할 것

노후 이야기를 하면 40~50대의 사람들은 아직 자신에게 시간이 많이 남아 있는 줄 압니다. 그리고 지금의 체력이 노후에도 지속될 것이라 착각합니다. 그러나 잘 생각해야 합니다. 30년 후를 냉정히 상상할 수 있어야 합니다. 그때 당신은 거동조차 불편한 노인인 반면에 자식들은 혈기왕성한 장년이 됩니다. 집안의 권력구조가 역전됩니다. 따라서 그때에 대비하는 장기적 안목과 관계설정이 필요합니다.

4. 사랑하라, 그럼에도

위의 1, 2, 3을 이야기하다 보면 자칫 자식과의 인연을 끊고 무관심하거나 울타리를 쌓거나 심지어 적대시하라는 것 같은 느낌을 받을 수 있습니다. 당연히 그런 것은 아닙니다. 세상이 급격히 변화하기에 그에 걸맞은 부모와 자식 간의 관계를 미리 정립하자는 권고를 드리는 것입니다.

누가 뭐래도 세상에 마지막까지 남는 것은 부부요 자식입니다. 기성세대의 눈높이에서는 못마땅한 점이 있겠지만 그럼에도 깊이깊이 자식을 사랑해야 합니다. 사랑은 원래 내리사랑이라고 하지 않습니까?

5. 오늘부터 실천할 것

퇴직·은퇴 이후의 이야기를 논하면 마치 자기는 예외인 것처럼 생각하는 사람이 많습니다. 그러나 미래는 시시각각 다가오고 있습니다. 아니 이미 옆에 와 있습니다. 따라서 부모와 자녀와의 관계는 일찌감치 기준을 세워 차분히 실행하는 것이 바람직합니다. 자녀들에게 큰 기대를 하며 아무런 대책 없이 노후를 맞을 경우, 그것은 부모에게도 불행이고 자녀에게도 불행입니다. 그러기에 위에서 언급한 기준이 일리 있다고 생각되면 오늘부터 작심하여 실천에 옮기기를 바랍니다. 준비하는 사람만이 행복한 노후를 누릴 수 있습니다.

어떻습니까? 슬퍼집니까? 그러나 그것이 현실입니다. 오죽 하면, 이름마저 치사한(?) '불효자식 방지법'이 거론되겠습니까? 퇴직·은퇴를 맞는 당신의 판단과 실천에 따라 미래가 좌우됩니다.

35.

인맥형성과
친구사귀기

"성공적인 은퇴생활을 위해서는 두 가지가 중요하다. 하나는 재미있다고 느끼는 일을 열심히 하는 것이고, 또 하나는 다른 사람들과 친밀한 관계를 맺는 것이다." 은퇴 후에 현직에 있을 때보다 더 활발한 활동을 벌인 것으로 유명한 미국의 지미 카터 전 대통령의 말입니다.

퇴직 또는 은퇴 이후에 가장 절실하게 다가오는 것 중의 하나가 친구관계입니다. 직장생활을 돌아볼 때마다 그리운 것이 옛날의 동료들입니다(물론 스트레스를 줬던 사람도 떠오르지만). 그러나 막상 직장을 떠나고 나면 사람들이 바람과 같이 사라집니다. 당연한 일입니다. "눈에서 멀어지면 마음도 멀어진다"는 말이 있지 않습니까? 따라서 퇴직·은퇴를 하고 나면 새로운 인간관계를 형성해야 합니다. 새로운 친구를 사귀어야 합니다. 직업이 같은 것이 아니라 사는 곳이 비슷하고 관심사가 비슷한 사람들로 새로운 인맥을 형성해야 합니다. 그를 통해 행복함을 느낄 뿐 아니라, 좋은 정보를 주고받음으로써 은퇴 후의 일거리를 찾는 데도 큰 도움이 되기 때문입니다.

특히 여성은 친구를 잘 사귀기 때문에 별로 어려움이 없습니다. 미국에서 조사된 것을 봐도 문제가 되는 것은 대부분의 경우 남성입니다. 그런데 친구가 그냥 생기는 것은 아닙니다. 그것에도 상당한 기술이 필요합니다. 적어도 다음의 다섯 가지를 마음에 새기고 새로운 친구관계를 형성해야 한다고 봅니다.

친구사귀기 5계명

1. 긍정적이고 열정적인 사람을 사귈 것

거꾸로 생각해보면 답은 분명합니다. 부정적이고 힘 빠지는 사람을 사귄다면 어떻게 되겠습니까? 만나고 난 후에 언제나 후회가 될 것입니다. 도움이 되지 않습니다. 오히려 스트레스를 줍니다. 긍정적이고 열정적인 사람을 사귀어야 당신의 삶에 긍정적이고 열정적인 영향을 주는 것은 당연합니다.

2. 함께 웃고 울며 응원해줄 진실한 친구를 사귈 것

은퇴 후의 친구는 몇 명이면 될까요? 20명 내외여야 한다는 주장도 있고 10명 정도가 좋다는 연구결과도 있습니다. 반면에 '좋은 친구는 3명 정도면 족하다'는 의견도 있습니다. 그것은 당신의 기질과 여건에 따라 달라질 수 있습니다. 중요한 것은 늙어서도 곁도는 친구를 사귈 필요는 없다는 점입니다. 항

상 따지고 시시비비를 가려 심판관처럼 행세하며 냉정한 친구
는 이제 필요 없습니다. 언제나 당신을 응원해 줄 수 있는 사
람, 당신이 실수를 했을 때도 감싸줄 수 있는 진실한 친구가
필요합니다. 그런 사람이라면 3명 정도라도 충분합니다

3. 폐를 끼치는 관계는 안 된다

은퇴 후에 맺게 되는 친구관계는 서로 도움이 되는 관계여
야 합니다. 적어도 폐를 끼치는 관계는 안 됩니다. 꿍꿍이를
가지고 접근하는 사람은 당연히 피해야 하며 당신 또한 상대
에게 의존적이거나 폐를 끼쳐서는 안 됩니다. 폐를 끼치고 부
담이 된다면 친구관계는 끝장입니다.

4. 우정은 명사가 아니라 동사임을 잊지 말 것

우정은 살아 움직이는 생물이라는 말입니다. 즉, 어제까지
좋은 관계였다고 해서 내일도 좋은 관계가 되지는 않습니다.
성인들의 인간관계는 아주 사소한 것으로도 크게 삐치고 돌아
서는 특성을 갖습니다. 방금 전까지 좋았던 관계가 술 한 잔
하면서 일어난 사소한 시비로 하루아침에 냉랭한 관계가 될
수 있습니다. 절교하게 됩니다. 따라서 항상 좋은 관계를 유
지하려는 노력을 기울여야 합니다. 상대가 좋은 친구이기를
바라기에 앞서 당신이 먼저 좋은 친구가 돼야 합니다. 'Give
& Take'는 변함없는 원칙입니다.

5. 포트폴리오(portfolio)에 신경 쓸 것

당신의 친구가 거의 모두 예전에 같은 직장에서 일하던 동료뿐이라면 그것은 실패작입니다. 예전의 직장동료가 아니더라도 같은 직업인뿐이라면 그 또한 바람직하지 않습니다. 같은 종류의 취미생활을 하더라도 세상살이의 영역이 다른 사람과 어울리는 것이 좋습니다. 그래서 인맥관리에도 적절한 포트폴리오 전략이 필요합니다. 이것에 대하여는 뒤에 상세히 다룹니다.

어떻습니까? 당신의 인간관계는 몇 점입니까? 아직 퇴직·은퇴를 안 하셨다면 기회는 더 좋습니다. 현직에 있을 때 위의 기준에 따라 평생을 함께할 친구를 잘 관리하시기 바랍니다. 특히 직장 내보다는 직장 밖의 좋은 인맥을 미리 형성해 놓으시길 권합니다. 여건이 좋을 때 그만큼 좋은 친구를 사귈 가능성이 높기 때문입니다.

인맥을 점검해보자

세상은 인맥으로 움직입니다. 유유상종이며 필요상종(필요에 의하여 어울린다는 의미로 내가 만든 말임)입니다. 그것이 바람직하냐 아니냐는 별개의 문제입니다. 우리나라만 그런 게 아닙니다. 선진국도 예외 없습니다.

인맥관리의 방법은 여러 가지가 있을 수 있습니다. 사람마다 다릅니다. 그러나 한 가지 꼭 지켜야 할 것은 앞에서도 언급했듯이 '인맥의 포트폴리오'를 잘 짜야 한다는 것입니다. 포트폴리오_{portfolio}는 잘 아는 대로 원래 금융용어입니다. 자신의 자산을 가장 유리하게 배분, 투자해 안정성과 수익성을 도모하는 기법입니다. 마찬가지로 인간관계에도 그런 전략이 필요합니다.

예를 들어, 당신의 친한 인맥이 모두 현재의 직장동료거나 또는 현재의 일과 관련된 직업에 종사하는 사람들뿐이라면 어떻게 되겠습니까? 믿을 수 있고 마음은 편하겠지만 효용은 적습니다. 따라서 퇴직·은퇴 후의 인맥은 직업적으로 다양한 것이 좋습니다. 그래야 새로운 세계를 열 수 있는 가능성이 높아집니다.

은행원으로서 친구가 대부분 금융권 사람이라든가, 교사로서 인맥이 교육계 사람들뿐이라면 많은 투자를 하고도 당연히 쓸모가 적을 수밖에 없습니다. 그래서 포트폴리오가 필요하다는 말입니다. 포트폴리오 전략은 다른 표현으로 하면 잘 설계된 인맥지도를 그리는 것입니다. 자기의 인맥을 어떤 구성원, 어떤 분포, 어떤 규모로 만들 것인지를 설계하는 것입니다.

포트폴리오 전략으로 인맥설계를 할 때 몇 가지 원칙이 있습니다. 첫째는 직업적으로 골고루 분포시키는 것이 좋습니다. 포트폴리오 전략을 짜는 의미 그대로입니다. 두 번째는 사회생활을 하는데 징검다리 역할을 하고 도움을 받기에 비교적 좋은 사람들로 설계하는 것입니다.

취업·인사포털 '인크루트'가 직장인들을 대상으로 조사한 것을 보면, '이런 사람이 내 인맥이었으면 좋겠다'고 생각하는 직업은 '검사, 판사, 변호사 등 법조계 인사'(51.0%)가 절반을 넘어 압도적이며, 그 다음이 '기업가 또는 부유층', '대기업 임직원', '관료·공무원', '의사' 등등의 순서로 나타났습니다. 이것은 현직에 있을 때의 기준으로 봐야 합니다. 퇴직과 은퇴 후에는 어떤 인맥의 포트폴리오가 좋을까요? 그것은 당신의 처지와 상관관계가 있습니다. 만약 당신이 공무원 출신이라면 당연히 '관료·공무원'을 인맥형성의 대상으로 삼을 필요는 없겠죠. 그렇잖아도 아는 공무원이 넘칠 테니까요.

인간관계를 그렇게 계산적으로 하는 게 옳으냐고요? 이건 옳고 그름의 문제가 아닙니다. 싫으시면 말고요.

인맥관리 자기진단

다음의 체크리스트를 통해 간단하게 당신의 인맥관리 수준을 진단해볼 수 있습니다. '예' 또는 '아니오'로 응답하고, '예'의 응답 개수로 평가합니다. 많으면 많을수록 좋은 것입니다. 반면에 '아니오'로 응답한 부분에 대하여는 앞으로 어떻게 개선할 것인지 생각하는 계기가 되기를 바랍니다.

(1) 인맥의 가치를 충분히 인식하고 있다.

(2) 나름대로 신경 써서 다양한 인맥을 관리하고 있다.

(3) 기본적으로 사람을 만나고 사귀는 일을 즐기는 편이다.

(4) 인연을 맺은 사람들에 대한 정보(주소 등)를 체계적으로 관리하고 있다.

(5) 사람들에게 주기적, 정기적으로 안부를 전하거나 만난다.

(6) 직장 동료나 친인척이 아닌 사람들로 구성된 모임이 3개 이상 있다.

(7) 가족이 아플 때 대형병원에 연결되는 인맥이 있다.

(8) 가족이 휴양을 떠나려고 할 때 콘도 따위의 휴양시설을 부탁할 인맥이 있다.

(9) 남들이 어떤 일을 부탁할 때 쾌히 받아들이고 적극적으로 도와준다.

(10) 어떤 사람과 인연을 맺으면 그 인연을 살려 친숙한 관계로 발전시키는 경우가 많다.

(11) 스스로 생각할 때 친밀하게 아는 사람이 많은 편이다.

(12) 학창시절의 은사, 직장에서 함께 근무했던 옛 상사와 자주 연락하고 있다.

(13) 승진, 이동, 개업 등 다른 사람들의 애경사를 철저히 챙긴다.

(14) 동료, 친지의 애경사에는 축의(부의)금만 보내지 않고 꼭 참석하는 편이다.

(15) 사람들로부터 받은 명함을 체계적으로 관리하고 있다.

(16) 급한 사정이 생겼을 때 스스럼없이 도움을 청할 친구가 여럿 있다.

(17) 사람들과의 교류를 위해 이메일, 트위터, 페이스북 등 인터넷을 최대한 활용한다.

(18) 동창회, 입사동기회, 퇴직동기회 등 학교 또는 직장동료들의 모임에 적극 참여한다.

(19) 명절, 생일 등, 기념일에 선물을 꼭 보낼 대상이 20명 이상 있다(친인척 제외).

(20) 당신에게 안부전화를 주거나 만나자는 사람, 또는 부탁하는 지인이 많은 편이다.

* 12항목 이상 O 응답이면 인맥관리에 합격점
* 15항목 이상 O 응답이면 인맥우등생
* 18항목 이상 O 응답이면 인맥도사

36

은퇴자의
'인생드라마' 남기기

　퇴직을 하고 은퇴를 하게 되면 무엇을 해야 할까요? 여러 가지로 인생을 즐기는 방법도 있겠고 건강을 위해 꾸준히 등산을 하는 것도 필요합니다. 여유 있는 사람은 골프에 빠질 수도 있고 또는 다양한 취미활동에 심취할 수도 있습니다. 그런데 이것 생각해보셨나요? 과연 그런 것들 중에 지적^{知的} 생산 활동과 관련이 있는 것은 무엇인지 말입니다. 그리고 후손이나 후학들을 위해 남길 수 있는 것은 무엇인지 말입니다. 그 두 가지 기준으로 은퇴활동을 체크해 보면 흥미로운 사실을 발견할 수 있습니다. 자칫하면 소비활동에만 치중하는 스스로를 발견하게 됩니다. 그것은 곧 죽는 날까지 세월을 소비하는 것에 다름 아닙니다.

　그런 면에서 나는 '책쓰기'를 권합니다. 책쓰기란 당신의 파란만장한 인생드라마의 흔적을 교훈으로 남기는 것입니다.

　그렇잖아도 요즘 은퇴자를 위한 활동으로 자서전쓰기가 유행하고 있습니다. 지방자치단체를 비롯하여 여기저기서 자서전을 쓰는 강좌를 벌이고 있습니다. 그런데 나는 이 점에서 시각을 달리합니다. 자서전 쓰기를 권하거나 지도하는 분들에게는 미안한 일이 될지 모르지만 나의 주장을 명확히 펴겠습니다. 혹시라도 그런 분들이 이 글을 읽는다면 섭섭하게 생각할 것이 아니라 '저런 주장도 있구나'라며 그냥 넘어가면 됩니다. 한 발 더 나간다면 나의 주장에 분명히 수용할 부분도 있음을 알게 될 것입니다.

자서전을 쓰라고?

'자서전'에 대한 나의 의견은 이렇습니다. 첫째 자서전을 쓰려면 제대로 써야 한다는 것입니다. 가끔 지인 중에 자서전을 내게 보내주는 사람들이 있습니다. 그것을 볼 때마다 느끼는 것은 '이것은 아니다'라는 것이죠. 함께 일했던 사람으로서 누구보다도 그를 잘 알고 있는데 직장생활에서 자신을 거쳐 간 모든 일이 마치 자신의 공적처럼 나열됐기 때문입니다.

그렇게 되면 웃음거리가 됩니다. 가족들은 그것이 사실인 줄 알겠지만 그것은 기만행위요 자위행위에 불과합니다. 자서전이야말로 자신의 과오까지 솔직히 반성하는 교훈서가 돼야 합니다. 그러기에 웬만하면 그런 식의 자서전은 쓰지 말라는 것입니다.

둘째는 자서전이 누구를 위한 것인지를 고려해야 한다는 것입니다. '나의 자서전을 누가 읽을 것인가'라고 냉정히 생각해 봐야 합니다. 보통사람으로서 은퇴 이후에 쓴 자서전은 자신의 가족만 읽을지 모릅니다. 자신의 서가에만 보관됩니다. 많은 경우, 보내진 자서전은 약간의 세월이 지나면 쓰레기통에 처박힐 가능성이 높습니다. 그렇지 않습니까? 더구나 그런 식의 자서전은 출판사가 출판하지 않습니다. 그래서 자기 돈을 들여 자비출판을 하게 됩니다. 돈 들이고 의미 없고… 그래서 웬만하면 자서전을 쓰지 말라는 것입니다.

셋째는, 그럼에도 불구하고 꼭 남길 스토리가 있다면 단순히 '조실부모하고…' 따위의 사사로운 역사와 스토리의 나열에 그칠 것이 아니라 그 역사와 스토리를 핵심으로 하여 자전적 자기계발서 또는 자전적 실용서를 쓰라는 것이 나의 주장이요 권고입니다. 즉 자신의 생애에 일어난 일 중에 결코 잊어서는 안 될 스토리를 중심으로 그것으로부터 후손이나 후학들이 배우고 교훈으로 삼을 책을 쓰라는 말입니다. 그럴만한 스토리나 콘텐츠가 아니라면 자서전은 쓰지 않는 게 낫다고 봅니다.

자전적 교훈서를 써라

다시 강조하지만 나름의 경력과 파란만장한 스토리가 있는 사람은 자서전을 쓰기보다 아예 자전적 자기계발서, 자전적 실용서를 쓰는 것에 도전하기를 권합니다. 나의 경우, 대학의 전공은 농학이지만 지금껏 60권이 넘는 책을 썼습니다. 그중학교의 전공과 관련된 책은 박사논문이 단행본으로 나온 것 외에 하나도 없습니다. 모든 책이 직장생활을 하면서 느꼈던 것을 기초로 하여 다른 이들에게 남기고 싶은 것을 책으로 낸 것입니다. 그런 책들에는 당연히 나의 에피소드가 동원되어 자전적 이야기가 많이 들어갔습니다. 그러나 자서전은 아니지 않습니까? 이제 왜 자서전을 쓰지 말라고 하는지, 쓰려면 교훈이나 새로운 이론을 남길 수 있는 교훈서를 쓰라고 하는지 이해가 될 것입니다.

사람들은 흔히 말합니다. "내가 직장에서 고생한 걸 책으로 쓰면 열 권도 더 될 거야"라고. 바로 그것을 책으로 내면 됩니다. 그렇게 말로 끝낼 게 아니라 책이라는 이름의 기록으로 남기시길 권합니다. 나중에 후회하지 말고요.

〈탈무드〉에서는 사람이 세상에 태어나서 꼭 해야 할 일로 3가지를 꼽고 있습니다. 즉, '나무심기'와 '자식 낳기' 그리고 '책쓰기'입니다. 이 모두가 후손을 위해서 해야 할 가치 있는 일이라는 것입니다. 그만큼 책을 쓰는 일은 의미 있고 가치 있습니다. 살아 있는 동안에 꼭 해야 할 3대 목표의 하나가 될 수 있을 만큼 말이죠.

책쓰기에 도전해 보세요. 이것은 무조건 남는 장사입니다. 책을 쓰느라 자료를 구하는 과정에서부터 글을 쓰는 과정까지 지적 생산 활동이 됩니다. 그 모습을 지켜보는 아내와 자녀들에게도 좋은 모습을 보여주게 됩니다. 그뿐이 아니라 끈질긴 노력 끝에 제대로 된 책 한 권이 나오면 때로는 대박이 날 수도 있습니다. 자비출판으로 돈이 들어가는 자서전과는 달리 돈을 벌 수 있다는 말입니다. 또한 그 책을 읽은 사람 중에 공감하는 이가 많으면 저자의 강의를 들어보고자 할 것이고 그러면 자연스럽게 강사활동을 하게 됩니다. 이쯤 되면 직업을 하나 창조하는 게 됩니다. 이 책의 표지에 나와 있는 나의 이력을 보면 알 수 있듯이 나의 경우가 좋은 본보기가 될 것입니다.

이치가 이럼에도 막상 "책을 써보라"고 권하면 사람들은 고개를 흔듭니다. 책쓰기의 효과나 매력에 대하여 수긍하면서도 대뜸 이런 반응을 보입니다.

"아이고, 내가 어떻게 책을…?" "책, 쓰고는 싶지만 아무나 쓰나?" "책쓰기가 얼마나 힘든데."

책쓰기는 특별한 재능이나 유별난 경험이 있는 사람, 아니면 글쓰기가 직업인 사람들만이 할 수 있는 것으로 생각하기 때문입니다. 어린 시절에 문학소녀·소년 정도의 경력이라도 있어야 글을 쓰는 것으로 생각합니다. '책쓰기'와 관련하여 가장 먼저 허물어야 할 벽이 있다면 바로 그런 선입견입니다. 그 벽을 깨야 책쓰기의 가능성이 열립니다. 지금은 '대중 필자의 시대'입니다. 누구나 할 수 있습니다. 학창시절에 리포트를 쓰듯이 쓰면 됩니다.

생각을 바꾸세요. 생각을 바꾸면 은퇴생활이 바뀌고 인생이 달라집니다. "그래, 나도 한번 해보자." "그 사람이 했으면 나도 할 수 있다." "책, 아무나 쓰는 것은 아니지만 뜻이 있으면 누구나 쓸 수 있다." "책을 쓴다는 것, 당연히 힘들다. 그러나 힘든 것이기에 도전할 가치가 있다." 그렇게 발상을 바꾸면 용기가 나고 불가능이 가능으로 변합니다. 힘들어서 못 하는 게 아니라 안 하기 때문에 못 하는 것입니다.

책쓰기 - 글을 쉽게 쓰는 법

책을 써보라면 대뜸 "글은 어떻게 쓰죠?"라고 묻는 이들이 많습니다. 글쓰기에 덜컥 겁이 날 수도 있습니다. 문학작품이 아닌 교양서나 자기계발서를 쓰는 것은 생각만큼 어렵지 않습니다. 다음 요령을 상상력을 동원하면서 꼼꼼히 읽어보세요. 이대로 하면 됩니다.

1. 먼저, 글을 써야 할 주제 하나를 선정할 것.
2. 그 주제를 선정한 이유, 그리고 무엇을 다룰 것인지 핵심메시지를 구상할 것(1~2항목 정도면 됨).
3. 그 주제와 관련된 자료, 글감을 최대한 많이 읽고 수집할 것.
4. 그러다 보면 위1, 2, 3번 즉, 주제와 핵심메시지, 그리고 자료와 글감을 어떻게 연결해야 할지 머릿속에서 정리가 됨.
5. 머릿속에서 정리된 구상에 따라 '입으로 굴려보면서' 대충 글의 얼개를 짤 것. 이 얼개가 상세하고 구체적일수록 나중에 글쓰기가 수월함
6. 글의 얼개가 만들어지면 그에 따라 역시 '입으로 굴리면서' 말하듯이 글을 쓸 것. 친구에게 이야기하듯이, 또는 조근조근 강의를 하듯이 구어체로 쓸 것. 이때 글이 되든 안 되든 단숨에 쓸 것. 글을 쓰다가 일시적으로 얼개에서 벗어나 생각지도 않던 이야기가 떠올라 샛길로 빠져도 관계 없음. 글쓰기를 중간에 쉬면 호흡이 끊어짐. 띄어쓰기나 맞춤법, 세부묘사는 다 무시하고 그저 글의 흐름, 핵심메시지, 논리의 전개에만 신경을 쓰면서 일단 글을 마무리함.
7. 이제부터 다듬기에 들어감. 위 6번의 글을 처음부터 다시 읽어

보면 글의 순서를 바꾸어야 할 것이 발견되기도 하고, 보다 더 멋진 표현이 떠오르기도 함. 내용이 조잡스럽고 설득력이 없다 싶으면 더 좋은 사례, 유명인의 어록, 통계, 이론 등을 책이나 인터넷을 찾아 추가하여 내용이 더욱 풍부하게 되도록 할 것.

8. 이때 자신이 만든 이론, 새로운 논리, 신조어, 주장을 듬뿍 넣어 특색 있는 내용이 되게 할 것. 평범한 글이 되어서는 글을 쓸 이유와 목적이 없게 됨. 읽는 이가 독특한 주장, 재미, 새로운 정보를 얻을 수 있는지 점검할 것.

9. 글이 대충 마무리됐다 싶으면 구어체로 된 것을 문어체로 바꾸면서 마무리함(이것이 초고임).

10. 위 9번의 초고를 되풀이 읽어보면서 마지막 다듬기를 하며 글의 완성도를 높임(다듬기의 횟수가 많을수록 좋은 글이 될 수 있음). 이때 호흡이 길게 느껴지는 긴 문장은 짧게 자르고, '글투'가 격하지 않게 순화시키며, 쓸데없이 멋을 부렸거나 어색하게 느껴지는 부분은 과감히 삭제하고, 용어 선택에 있어서 중복이나 모순되는 점은 없는지, 억지 주장은 아닌지, 독자의 반발을 사지는 않을지 등 체크하여 최종 마무리함(드디어 완성).

어떻습니까? 무슨 말인지 모르겠다고요? 그럼 실제로 글을 써보면서 위의 요령을 터득해보시기 바랍니다. 글을 잘 쓰는 왕도는 일단 글을 시작하는 것입니다. 무조건 시작하고 보세요. 이 말을 믿고 그렇게 해보세요. 그러면 위의 요령이 무엇을 말하는지 알게 됩니다. 쓰면 써지는 것, 그것이 글을 쓰는 핵심 요령입니다. '글을 쉽게 쓰는 법'이라고 했는데 어렵다고요? 세상에 쉬운 일이 어디 있습니까?

새로운 각오로
'업스타팅(UpStarting)'하라

여러 기업이나 단체로부터 퇴직 예정자를 대상으로 강의를 해달라는 요청을 많이 받습니다. 퇴직을 얼마 남기지 않은 사람들에게 어떻게 해야 깔끔한 마무리를 하고 퇴직 후에도 보람 있는 삶을 영위할 것인지, 그것에 대해 강의를 해달라는 것입니다. 퇴직한 이후에도 그들이 잘 살아야 회사에도 도움이 되고 마음이 편하겠지요. 나에게 그런 강의요청을 하는 이유는 내가 여러 번 직장을 바꾸며 계속 퇴직을 하면서도 끊임없이 직업을 창출하며 나름대로의 일거리를 갖고 있기 때문인 것 같습니다.

정년 퇴직자에 대한 교육을 하면서 새삼 노후의 심각성을 깨닫게 됐습니다. 20살 때부터 일을 하기 시작해서 60살에 정년퇴직을 한다면, 연간 노동시간을 2천 시간으로 계산했을 경우 총 8만 시간을 일한 것이 됩니다. 그런데 정년 이후에 체력이 어느 정도 유지되는 80살까지만 계산을 해도 은퇴 후 노후의 여유시간이 8만 시간이 넘습니다(전문가들은 이 경우에 1일 11시간으로 계산한다). 즉, 퇴직을 하고도 직장생활을 했던 것만큼의 시간을 보내야 한다는 '현실'에 직면합니다. 이것이 은혜입니까 재앙입니까? 따라서 직장생활을 하는 사람이라면 노후의 은퇴경쟁력을 심각하게 고려해야 합니다. 한마디로 젊은 날부터 미리미리 준비해야 합니다. 준비하지 않으면 노후는 없습니다.

그럼 어떤 준비를 해야 하나요? 이 책이 다룬 것이 바로 그에 관한 것입니다. 그러나 책 한 권에 모든 것을 담을 수는 없습니다. 책 한두 권 읽고 노후가 해결된다면 무슨 고민을 하겠습니까? 무엇 때문에 은퇴 이후를 걱정하겠습니까? 그러기에 공부해야 합니다. 당신이 지금까지 어떻게 살아왔는지 인생의 대차대조표를 만들어보고 앞으로 어떤 삶이 펼쳐질지 예상하고 부족한 부분을 해결하기 위해 끈질기게 공부하며 노력해야 합니다. 그러지 않다면 미안하지만 당신의 노후는 초라합니다. 아니, 노후는 없습니다.

새로운 은퇴문화를 만들자

특히 회사 차원에서 사원들의 은퇴와 노후문제 해결에 적극적으로 나서야 합니다. 그것을 개인적인 문제라며 도외시하거나, 고작 퇴직을 몇 달 앞두고 며칠 동안의 교육으로 의무를 다 했다고 생각하는 회사라면 미안하지만 청춘을 바칠 만한 회사라 하기 어렵습니다.

그런데 여기서 약간의 문제가 발생합니다. 요즘 사회적으로 워낙 많이 퇴직, 은퇴, 노후문제를 들썩이다 보니 젊은이들조차 생각이 팍 늙어버렸는데 만약 회사에서 평소에 퇴직, 은퇴, 노후 운운하다 보면 분위기가 침체되어 양로원처럼 되기 십상이라는 점입니다. 따라서 사원들이 현직의 경쟁력 향상을 통하여 은퇴경쟁력을 갖추도록 복합적이고도 지혜로운 대책을 세워야 합니다. 그것이 곧 새로운 조직문화, 새로운 은퇴문화를 탄생시켜 회사의 경쟁력이 될 것입니다.

법으로 정해진 정년이 이미 60세가 됐습니다. 그러나 벌써 정년 65세나 70세를 주장하는 목소리가 커지고 있습니다. 개인이든 회사든 이런 흐름에 어떻게 대처해야 할까요? 그렇다고 늘 퇴직, 은퇴, 노후대책만 외칠 수는 없는 노릇입니다. 아무리 '훗날'이 중요하다지만 '지금'은 '현실'이니까요.

'지금'과 '훗날'을 조화롭게 연결하고 아우르기 위해 새로운 각오로 '업스타팅'하기를 권합니다. 업스타팅UpStarting이란 영어사전에 없는 단어입니다. 내가 상표등록을 한 신조어인데 완전히 '콩글리쉬'입니다. 말 그대로 Up해서 Starting을 하자는 의미입니다. 심기일전해서 다시 시작하자는 것이요 한 단계 도약시켜 새로운 출발을 하자는 뜻입니다. 그렇게 해석하면 됩니다.

자, 이제 새로운 미래로 나갑시다. 은퇴경쟁력을 키워 업스타팅합시다. 그리하여 당신의 가치가 실현되는 멋진 자기세상을 만들어냅시다. 그러면 당신의 노후는 분명히 '있습니다'.

"새로운 길을 찾아 당신의 '자기세상'을 만들라!"

〈한국샌더스은퇴학교〉®

– 멋진 2막인생을 위한 교육프로그램 –

(PMW : Project My Way, World, Work, Worth)

■ **개요(Up–Starting Project)**

0. 직장생활후반부 재도약 역량강화 프로그램

0. 퇴직(예정)자 교육은 자칫 현직에서의 조기퇴출 분위기를 고조시킴으로써 의욕과 직장분위기를 저하시키는 부작용이 컸음. 본 프로그램은 퇴직예정자들이 현직을 잘 마무리함과 동시에 희망찬 2막인생의 설계를 도모함으로써, 한 단계 재도약(Up) 새출발(Starting)을 목표로 함

■ **과정**

0. 시간 : 2~8시간

0. 진행 : 특강(2~3시간) 및 미션수행과 토론 및 실습(8시간)

0. 퇴직을 앞둔 사람들에 대하여 회사 단위로 실시

■ **기타**

0. 단순한 퇴직자 교육이 아니라 개인과 회사의 성장에 기여하는 교육

0. 기업의 상황과 교육대상자의 여건에 따라 시간 및 내용 조절, 맞춤교육

0. 기업의 사정과 일정에 따라 과목을 선택 또는 추가(예: 해당 기업 자체 강의)할 수 있으며 최대 16시간까지 적용 가능함

은퇴를 준비하는
당신을 위한 진심의 조언

권선복(도서출판 행복에너지 대표이사)

'백세 시대'가 보편화되면서 여러 책과 강의들은 '노년이 아닌 신중년', '나이는 숫자에 불과하다' 등의 캐치프레이즈를 내세우며 은퇴 후 인생 설계를 이야기합니다.

이 책 『은퇴경쟁력을 키워라』는 언뜻 보면 은퇴를 앞둔 분들이 오랫동안 반복해서 들어 온 이러한 종류의 이야기라고 생각될지도 모릅니다. 하지만 〈한국샌더스은퇴학교〉의 교장이자 인기 유튜브 채널 〈조관일TV〉의 운영자인 조관일 저자의 이 책은 "나이는 숫자에 불과하다는 말은 허구에 불과하다"는 날카로운 일침과 함께 다른 노후 대비 강의서에서는 접하지 못한 신선하면서도 현실적인 조언으로 독자들의 가슴에 깊은 울림을 남깁니다.

현실성 없는 은퇴 계획이나 개인의 특수성을 고려하지 않은 일관적인 조언을 경계하는 한편, 누구나 자기 세상을 구축하여 행복한 제2의 인생을 누릴 수 있도록 돕는 조관일 저자의 이 책이 은퇴 후 인생을 진지하게 고민하는 분들의 계획 수립에 큰 도움이 되기를 희망합니다!

'행복에너지'의 해피 대한민국 프로젝트!

<모교 책 보내기 운동> <군부대 책 보내기 운동>

한 권의 책은 한 사람의 인생을 바꾸는 힘을 가지고 있습니다. 한 사람의 인생이 바뀌면 한 나라의 국운이 바뀝니다. 그럼에도 불구하고 많은 학교의 도서관이 가난하며 나라를 지키는 군인들은 사회와 단절되어 자기계발을 하기 어렵습니다. 저희 행복에너지에서는 베스트셀러와 각종 기관에서 우수도서로 선정된 도서를 중심으로 <모교 책 보내기 운동>과 <군부대 책 보내기 운동>을 펼치고 있습니다. 책을 제공해 주시면 수요기관에서 감사장과 함께 기부금 영수증을 받을 수 있어 좋은 일에 따르는 적절한 세액 공제의 혜택도 뒤따르게 됩니다. 대한민국의 미래, 젊은이들에게 좋은 책을 보내주십시오. 독자 여러분의 자랑스러운 모교와 군부대에 보내진 한 권의 책은 더 크게 성장할 대한민국의 발판이 될 것입니다.

제 3 호

감 사 장

도서출판 행복에너지
대표 권 선 복

귀하께서는 평소 군에 대한 깊은 애정과 관심을 보내주셨으며, 특히 육군사관학교 장병 및 사관생도 정서 함양을 위해 귀중한 도서를 기증해 주셨기에 학교 全 장병의 마음을 담아 이 감사장을 드립니다.

2022년 1월 28일

육군사관학교장
중장 강 창